Dieter Kronzucker

EUROPAS SCHÖNSTE STÄDTE

Dieter Kronzucker

EUROPAS SCHÖNSTE STÄDTE

Co-Autoren (Stockholm, Kopenhagen): Thomas Borchert;
(St. Petersburg): Tim Obojski
Gesamtherstellung: Reichenbach Verlag, München
ISBN 3-625-10551-9
600438/834006

VORWORT

Der Studentenschnelldienst in Köln hatte mir einen Job auf einer Baustelle vermittelt. Es ging um den Aushub einer Grube für den Öltank der Andreaskirche in der Nähe des Doms. St. Andreas konnte zwar dem Dom nicht das Wasser reichen, aber die Rundbögen der Kirche und das Grab des Gelehrten Albertus Magnus haben doch einige Touristen von der Hauptattraktion abgezogen. Die Touristen der fünfziger Jahre waren meist Franzosen, Engländer oder Amerikaner. Dem Polier, also meinem Chef auf der Grube, gingen sie mit ihren Fragen gehörig auf die Nerven. Also wurde der ohnehin für Aushubarbeiten nicht sehr geeignete Student vom Schnelldienst zum Antworten abgestellt, und die Antworten gerieten schnell zu kleinen Führungen. Das wiederum sah der Chef des Reisebüros gegenüber, und ich hatte einen neuen Job als Reiseleiter für Franzosen, Engländer und Amerikaner. Seitdem glaube ich, daß der Zufall nichts anderes ist als eine getarnte Notwendigkeit (Marie von Ebner-Eschenbach). Denn das Reisen hatte es mir immer angetan.

Mit der Zeit wurden die Franzosen und die Engländer weniger, die Amerikaner dagegen mehr. Bald hieß mein Auftrag: »See Europe in 17 Days«, und mein Auftraggeber war ein amerikanisches Reisebüro. Das Europa, das die Amerikaner damals zu sehen bekamen, war Westeuropa: London und Brüssel, Rom und Paris, gelegentlich waren auch Lissabon oder Madrid, Athen oder Wien dabei. Auf der Nordeuropa-Fahrt – auch in 17 Tagen, länger haben die Amerikaner nun mal keinen Urlaub – ging's nach Amsterdam, Kopenhagen und Stockholm, hin und wieder auch mal ins geteilte Berlin. Am Eisernen Vorhang aber war dieses Touristen-Europa zu Ende.

Inzwischen hat die Freiheit den Vorhang zurückgezogen und den Blick freigegeben auf einen Teil des Abendlandes, der sich selbst immer als Teil Europas verstand und langsam auch von uns so verstanden wird. Budapest und Prag, St. Petersburg und – nicht ganz so selbstverständlich – Moskau schauen in den Westen und wollen zu ihm gehören. Dieses größere Europa kann man beim besten Willen nicht mehr in 17 Tagen erreisen, vor allem dann nicht, wenn man auch die Menschen Europas kennenlernen will ... und die reiselustigen Amerikaner sind in die Minderheit geraten. Die Statistik bescheinigt uns Deutschen das größte Interesse an Europa.

Viele von Ihnen werden ihre eigene Anschauung in diesem Bildband wiederfinden, vielleicht aber auch ein bißchen mehr.

Dieter Kronzucker

INHALT

STOCKHOLM

DIE METROPOLE DES NORDENS

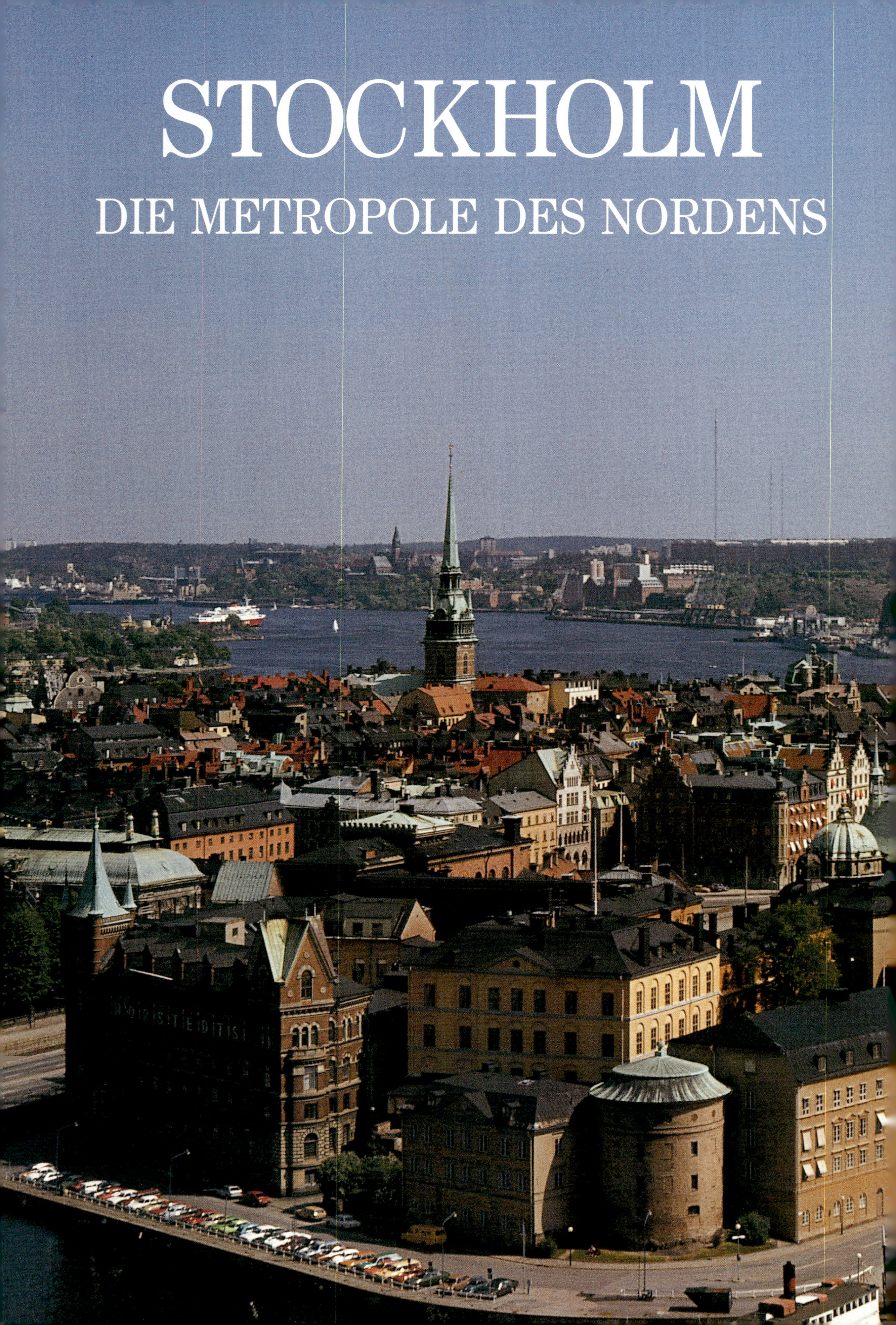

Dort, wo sich der herrliche inselreiche Mälarsee zu einem Strom verändert und sich sein Süßwasser mit den Wogen der Ostsee vermischt, erhebt sich teils auf Inseln oder Holmen, teils auf dem Festland die Hauptstadt Schwedens, Stockholm.

Vor meinem ersten Besuch in Stockholm hatte ich eine feste Vorstellung von der Hauptstadt Schwedens: ländlich und etwas unsittlich, freizügig und alkoholfrei, blond und bunt. Aber Klischee und Wirklichkeit klaffen auseinander. Die Stadt ist nicht so bunt und blond. Zwar gibt es eine Menge Kneipen, doch kommen die Mädchen nicht alle aus dem erotischen Sommernachtstraum. Vor allem ist Stockholm nicht ländlich, sondern kosmopolitisch und die Innenstadt leider zubetoniert. Peter Weiss, jüdischer Flüchtling aus Deutschland, schimpfte: »Die Architekten haben im Stockholm der sechziger Jahre schlimmer gewütet als anderswo die Bomben des Zweiten Weltkrieges«.

Aber Weiss blieb trotz einiger Ausbruchsversuche bis zu seinem Tod 1982, und zu dem, was ihn hielt, gehörten auch die schönen Seiten der schwedischen Hauptstadt. Weiss bewohnte mit seiner Frau Gunilla Palmstierna-Weiss, einer der bekanntesten Bühnenbildnerinnen Schwedens, ein wunderschönes Holzhaus auf Lidingö, einer über eine Brücke

erreichbaren Insel östlich der Innenstadt. Hier sind die Holzhäuser ganz genauso, wie man sich eben schwedische Holzhäuser vorstellt, wenn auch ein bißchen vornehmer als auf dem Land. Auch die großen, oft eher etwas romantisch-wilden als übermäßig gepflegten Vorgärten passen gut ins Bild von geschmackvollem nordeuropäischen Wohlstand, der nicht prahlerisch zur Schau gestellt, sondern diskret versteckt wird. Ein Paradox, daß ausgerechnet Astrid Lindgren mit Pippi Langstrumpf, den Kindern von Bullerbü und weiteren Kinderbuch-Helden so wie kaum jemand die Vorstellung einer allgegenwärtigen schwedischen Holzhaus-Idylle in der ganzen Welt verbreitet hat, mit ihrer eigenen Umgebung aber diesem Bild ganz und gar nicht entspricht. Fast neunzigjährig bewohnt sie seit mehr als einem halben Jahrhundert eine unscheinbare Stockholmer Etagenwohnung in der Dalagatan, wo es eher nach sozialdemokratisch inspirierten Wohnbauprogrammen aus der ersten Hälfte dieses Jahrhunderts aussieht als nach ländlich-skandinavischer Idylle.

»Stockholm ist so reizvoll, daß sich seine Schönheit durchaus mit der anderer europäischer Hauptstädte messen kann«, schreibt ein Reiseführer aus dem Jahre 1912. Noch heute ist Stockholm ein beliebtes und lohnendes Touristenziel.

Nahe der ältesten Kirche Stockholms, der Großen Kirche St. Nikolai (rechts), entstand im 13. Jahrhundert zwischen Ostsee und der mittelschwedischen Seenkette eine kleine Siedlung aus der später die schwedische Hauptstadt werden sollte. Gamle Stan, die alte Stadt, mit ihren kleinen Gassen und romantischen Plätzen wurde nach mehreren Bränden immer wieder neu aufgebaut, hat aber von ihrem Charme nichts eingebüßt.

Auch wenn König Karl Gustav und Königin Silvia das Stadtschloß (Seite 13 oben) verließen, das nach einem großen Brand im Jahre 1697 entstand, um auf den idyllischen Landsitz am Mälarsee, Schloß Drottningholm (Seite 13 unten), zu ziehen, ist die Tradition des täglichen Schauspiels der Wachablösung vor dem Königlichen Schloß erhalten geblieben.

Und das ist ein wichtiger und dominierender Teil Stockholms. Der Geschichte dieser Stadt und ihrer Identität haben die seit sechzig Jahren fast ununterbrochen regierenden Sozialdemokraten unverwechselbar ihren Stempel aufgedrückt. In der letzten Februar-Nacht des Jahres 1986 zeigte sich dies auf furchtbare Weise, als ein Unbekannter Olof Palme, Schwedens damaligen Ministerpräsidenten und den international bekanntesten schwedischen Politiker der Nachkriegszeit, an der Ecke Sveavägan/Tummelgatan aus nächster Nähe erschoß. Der Tatort wurde inzwischen in Olof-Palme-Gata umbenannt, und jeder Schwede kennt ihn genauso, wie auch die Amerikaner wissen, wo in Dallas die Schüsse auf John F. Kennedy fielen. Jeder schwedische Stockholm-Tourist muß heute einfach mal die beiden Fluchtwege ablaufen, die der noch immer unbekannte Attentäter hätte nehmen können: entweder einen mehrere hundert Meter langen Tunnel zur Birger-Jarls-Gatan oder eine steile Treppe hinauf in ein Gassengewirr. Der Mörder tat letzteres und damit aus seiner Sicht das Richtige.

Palme war nach einem Kinobesuch mit seiner Frau ohne Leibwächter durch diesen Teil der Innenstadt spaziert. Er wollte per Tunnelbahn – das ist Stockholms Untergrundbahn, die vor allem wegen ihrer in den Fels gehauenen und ebenso farbenfroh wie aufwendig bemalten Stationen berühmt ist – nach Hause in die Altstadt.

Hier in Gamla Stan, dem schönsten Flecken Stockholms, wohnte er in einem schmalen Häuschen in der Långgatan, der langen Hauptstraße, die mit ihren zahlreichen kleinen Kneipen und Cafés der deutlichste

Ausdruck dafür ist, daß das alte Vorurteil von den verschlossenen und schweigsamen Schweden, die ihre Abende nur zu Hause hinter zugezogenen Gardinen verbringen und mit Fremden nichts zu tun haben wollen, inzwischen längst überholt ist – wenigstens hier in der Hauptstadt. Die vorwiegend jungen Leute , die hier leben, sind Europäer, die bei der Volksabstimmung über Schwedens Beitritt zur EU im Herbst 1994 auch überwiegend mit Ja gestimmt haben. Es waren vor allem Frauen mit Kindern, die den EU-Gegnern ihre Stimme gaben, da sie innerhalb der Union um die für sie besonders wichtigen Errungenschaften des schwedischen Wohlfahrtsstaates fürchten. Doch nicht zuletzt die jungen und gut ausgebildeten Stockholmer sorgten dafür, daß es beim Referendum mit 52 Prozent Mehrheit dann ein deutliches, wenn auch nicht überwältigendes Ja zu Europa gab.

Das wuchtige Schloß, ein gewaltiger viereckiger Kasten aus dem 18. Jahrhundert zwischen Gamla Stan und dem Parlament ist ein verspäteter Ausdruck schwedischer Großmachtträume. Es liegt wohl an dem starken und unbeugsamen Willen von Königin Silvia, der in Schweden jedermann und jeder Frau bekannt ist, daß das Schloß seit zehn Jahren nicht mehr von der königlichen Familie bewohnt wird. Die gebürtige Heidelbergerin setzte den Umzug vor die Tore der Stadt, nach Drottningholm, durch, um mit ihren drei Kindern und König Karl XVI. Gustav im Grünen leben zu können. Das war gegen die Tradition, aber Silvia ist so populär, daß auch dieser Umzug von den Schweden anstandslos akzeptiert wurde.

Eines der Wahrzeichen des modernen Stockholm ist sicherlich der nach seiner Form benannte Globen – eine Sporthalle mit immensem Fassungsvermögen, die häufig Fans aus aller Welt anlockt.

Daß die Königin aus Deutschland kommt, wird hier kaum noch zur Kenntnis genommen – wie auch die weiter zurückreichenden geschichtlichen Bindungen Schwedens an Deutschland keine große Rolle mehr spielen. Dabei ist in der Altstadt noch die einst dominierende Rolle deutscher Händler, Handwerker und Künstler, aber auch deutscher Soldaten aus der Zeit der Hanse an Plätzen, Straßen, Kirchen und Schulen abzulesen, die den Beinamen »tyska«, deutsch, tragen.

Freiwillig haben sich die Schweden Amerika zum Vorbild genommen. Beide Völker mußten freie Wildnis zähmen, und bei beiden überwiegt der Pioniergeist den Geschmackssinn, wie so manche Fastfoodstube verrät. Zu den architektonisch eher zweifelhaften Errungenschaften der Amerikanisierung gehört auch Globen, der Welt größter Kugelbau, wie in den Fremdenverkehrsprospekten stolz behauptet wird. Allwöchentlich füllen ihn die Eishockeyfans. Zwar schreien alle in unverwechselbarem Schwedisch »Heja«, doch wissen sie alle ebenso gut in der Tabelle der NHL, der US-Profiliga, bescheid wie in der eigenen von »All Svenskan«. Allerdings ist die imposante Halle zum Leidwesen einiger

Baulöwen ein alles andere als gewinnbringendes Kind des Spekulationsbooms der achtziger Jahre, der Stockholm eine ganze Reihe jetzt halbleerer Protzbauten verschafft hat. Das ist die Kehrseite der Medaille.

Alt und neu stehen in Stockholm nicht organisch bei-, sondern unverbunden nebeneinander. Ihre Verbindung ist im direkten Sinne wie auch sprichwörtlich das Wasser. Der Name Stockholm bedeutet wörtlich übersetzt »Stamminsel«, und tatsächlich ist die Stadt überall von Wasser umgeben. Nach Osten geht es auf verschlungenen Wegen durch die Schären in die Ostsee, und im Westen der Stadt beginnt der Mälarsee, an dessen Ufer eine Autostunde außerhalb der Stadt Kurt Tucholskys Schloß Gripsholm liegt. Eine Bootsfahrt durch die felsige Schärenlandschaft oder ein sommerliches Picknick am Ufer des Mälarsees bei Gripsholm – diese atemberaubenden Naturerlebnisse gehören genauso zur schwedischen Hauptstadt wie der City-Beton, der leicht museale Charme der Altstadt und die Schiffahrtstradition. Jeder muß die nach der Bergung 1961 perfekt restaurierte »Wasa« aus dem 17. Jahrhundert gesehen haben.

Von einem der zahlreichen Rundfahrtschiffe aus bietet sich Stockholm als herrliche Kulisse, dominiert von drei imposanten Kirchtürmen (von links nach rechts): die einst als Klosterkirche erbaute Riddarholmskirche, seit dem 17. Jahrhundert die Grabstätte der meisten schwedischen Könige, die Deutsche Kirche, die einst der ältesten deutschen Gemeinde im Ausland gehörte und deren Glockenspiel »Lobet den Herrn« mehrmals täglich über der Stadt erklingt, und die Große Kirche St. Nikolai, die von den Stockholmern auch als Dom bezeichnet wird.

Alt und neu – zwei Welten in einer Stadt. Auf der einen Seite das aus dem 17. Jahrhundert stammende Riddarhuset, das Ritterhaus (oben), das mit seinen von allegorischen Dachfiguren verkleideten Schornsteinen als der schönste Barockbau Schwedens gilt, und auf der anderen Seite der von Kulturhaus, himmelstrebenden Hochhäusern, Cafés und Geschäftspassagen umgebene moderne Platz Sergels Torg (unten).

Das Herz Stockholms ist für mich Sergels Torg, ein merkwürdiger Betonplatz mitten im Zentrum. Zur einen Seite wird er begrenzt durch Kaufhäuser, zur anderen Seite durch das Kulturhaus, in dem Mitte der achtziger Jahre, zu Zeiten der Herren Reagan und Breschnew, während der Stockholmer KSZE-Abrüstungskonferenz erste schüchterne Annäherungsversuche zur Beendigung des Kalten Krieges gemacht und auch mit Erfolg abgeschlossen wurden. Wo Diplomaten jahrelang um die Bedingungen für die Ost-West-Manöverbeobachtung feilschten, spielt heute Stockholms Stadttheater die Stücke von August Strindberg. Vor dem Kulturhaus – auf dem Sergels Torg – versammeln sich die Stockholmer immer zu Hunderten, Tausenden und manchmal zu Zehntausenden, wenn sie für oder gegen etwas demonstrieren wollen. Der Platz ist – welche Architekten haben das nur wieder verbrochen und welche Stadträte es abgesegnet? – ganz und gar ins Souterrain verlegt. Die Demonstranten können nur auf einer Seite über eine Treppe wieder entweichen, ansonsten sind sie eingesperrt. Den Schweden aber scheint nicht im Traum der Gedanke zu kommen, daß das bei Konfrontationen irgendeiner Art mit der Ordnungsmacht oder etwaigen Kontrahenten ein ziemlich entscheidender Nachteil sein könnte. Sie leben ja in einer »offenen Gesellschaft«, und der Staat will immer nur ihr Bestes. Also kann man sich wohl auch da versammeln, wo es keine Fluchtmöglichkeit gibt, oder?

Schwedische Küche und schwedische Traditionen – in Stockholm kann man beides erleben und genießen: sei es in einem der zahlreichen erlesenen Restaurants oder auch einfach auf der Straße.

KOPENHAGEN

VON BÜRGERN UND KÖNIGEN

100 000 bunte Lampen und 160 000 Blumen zieren eines der Wahrzeichen Kopenhagens, den vor über 150 Jahren erbauten originellen Vergnügungspark Tivoli, der auch einen Besuch bei Nacht lohnt (unten). Ein anderes Wahrzeichen aus der Hauptstadt Dänemarks ist die einem Märchen-Motiv Andersens entnommene Kleine Meerjungfrau, die von einem Felsen im Wasser aus über Kopenhagen wacht (Seite 21 unten).

Mein erster Eindruck von Kopenhagen war: »Wie still es hier ist.« Tatsächlich läßt sich von der dänischen Hauptstadt mit ihren knapp 500 000 Einwohnern nicht behaupten, sie sei eine der großen europäischen Metropolen oder gar eine Weltstadt. Die restliche Million, die in den Statistiken auch als »Kopenhagener« auftaucht, ist aus dem Umland längs des Øresund und dem Innern der Insel Seeland ein bißchen dazugemogelt. Aber was macht das schon? Die Dänen haben sich auf dem gesamten Kontinent gerade deshalb viele Sympathien erworben, weil sie als kleines Volk hin und wieder sehr bestimmt ihre Stimme erheben – wie beispielsweise 1992 beim trotzigen Nein gegen den Maastrichter Unionsvertrag – ansonsten aber vor allem an den Sonnenseiten des Lebens interessiert sind. Und das spiegelt auch Kopenhagen wider.

Wer zum Beispiel mit Zehntausenden von gutgelaunten Dänen ein gemeinsames Frühlingserwachen erleben will, geht Anfang Mai zur Saisoneröffnung ins Tivoli. Wenn der wunderbar altmodische – und im internationalen Vergleich auch nicht lärmende – Vergnügungspark für vier Monate seine Pforten öffnet, dann sieht man hier nur fröhliche Gesichter: »Jetzt kommt der schöne Teil des Lebens«, scheinen sie alle zu sagen. Man muß ihn in vollen Zügen genießen, ehe der Winter wieder seine viel zu lange Herrschaft über den Alltag übernimmt. Ich mag das Tivoli, weil sich hier die beneidenswerte Homogenität des kleinen Dänemarks auf sympathische Weise zeigt. Jung und alt, rechts und links, arm und reich, Geschäftsleute und Arbeitslose – alle Dänen scheinen sich in ihrem Tivoli sehr friedlich nebeneinander und miteinander zu vergnügen.

Unibank

Der weitläufige Rathausplatz gilt als das Zentrum der Stadt. Noch heute treffen sich die Kopenhagener anläßlich großer Ereignisse vor dem Rathaus (rechts), das Martin Nyrop um die Jahrhundertwende im Stil der italienischen Renaissance erbaute.
Der berühmteste Bürger der Stadt, auf den die Kopenhagener mit Stolz zurückblicken und den sie mit Straßennamen und Denkmälern ehren, ist zweifellos der schon bei allen Kindern Europas bekannte Hans Christian Andersen.

Natürlich ist das ein Klischee. Auch in Kopenhagen gibt es wie in anderen europäischen Hauptstädten brutale Straßenschlachten zwischen jungen Autonomen und der Polizei. Aber wenigstens haben einige dieser Polizisten und Autonomen wahrscheinlich gemeinsam auf dem Rathausplatz gestanden, als Hunderttausende von Kopenhagenern im Sommer 1992 den Sieg ihrer Fußballelf gegen den Goliath Deutschland bejubelten.

Sie taten das mit sehr viel Bier. Die erhebliche Bedeutung von »Øl«, Bier, für festliche Anlässe und den Alltag kann man überall bestaunen, wie auch die mehr als zehn Meter hohe Tuborg-Bierflasche in der Strandvej, Kopenhagens schönster Straße, die sich von der Innenstadt über fünfzig Kilometer an der Küste entlang zieht. Sie ist ein Muß für jeden Kopenhagen-Besuch mit dem Auto. Die Aussicht auf den Sund ist immer wieder spektakulär, links und rechts säumen die Prachtvillen der superreichen Dänen die Küstenstraße. Immer einen Spaziergang wert ist Dyrehave, ein riesiger Park mit wunderschönen Aussichten auf die See.

Und dann Louisiana: Dem Industriellen Knud Jensen ist hier mit seinem Museum für Moderne Kunst ein großer Wurf gelungen. Atemberaubend ist die Aussicht auf den Øresund auf der einen und Schweden auf der anderen Seite, atemberaubend ist die architektonische Verknüpfung von Museum und Parkanlage. Aber vor allem ist atemberaubend, wie die Dänen an den Wochenenden rotzfrech von diesem hehren Tem-

pel der Kunst Besitz ergreifen. Bewaffnet mit Picknickkörben, natürlich »Øl« und ihren Kinderscharen zahlen sie brav den – ganz schön happigen – Eintrittspreis und breiten sich dann im Park von Louisiana aus. Je mehr Kleine dann auf den Henry-Moore-Skulpturen herumturnen, umso besser. Zwischendurch kann man sich ja auch ein bißchen Kunst ansehen. Damit in Zukunft noch mehr Kinder die Moore-Skulpturen erklimmen, hat Knud Jensen 1994 ein sehr großes Kinderhaus auf dem Gelände bauen lassen, wo eine Schar von Pädagogen bei den jungen Dänen auf lockere Weise das Interesse an Kunst wecken soll.

Eines der ganz verkehrten, aber offenbar nicht ausrottbaren Kopenhagen-Klischees ist das von der »Porno-Hauptstadt«. Die Dänen hatten dieses Gewerbe Ende der sechziger Jahre als erste in Europa von diversen Verboten befreit. Ein paar Jahre stimmte das mit der Porno-Hauptstadt, und im Strøget, der Hauptstraße der Einkaufszone, reihten sich Sex-Shops und Bars mit »Live-Shows« aneinander. Aber das ist längst vorbei, keine einzige dieser Lokalitäten hat hier überlebt. Noch nicht einmal richtiger Strip-Tease ist in Kopenhagen erlaubt. Das Höschen muß anbleiben, und Geschlechtsverkehr auf der Bühne ist schon lange wieder verboten. Kopenhagens Sex-Angebot bewegt sich heute in Menge und Härte höchstens auf gleicher Höhe mit dem einer deutschen Durchschnittsstadt. Ein bißchen bemitleidenswert sind schon die armen Touristen, die mit deprimierten Gesichtern in der Istedgade hinter dem Bahnhof den traurigen Rest der einstigen Porno-Pracht abschreiten.

Die in diesem Jahrhundert erbaute außerhalb der Innenstadt gelegene Grundtvigs-Kirche (unten) zieht mit ihrer an eine Orgel erinnernden Fassade ebenso viele Besucher an wie die Geschäfte in den Fußgängerzonen des Zentrums (oben).

Hier vereinen sich die Pfeiler der Macht in Dänemark. Während das auf den Ruinen dreier alter Schlösser erbaute Schloß Christiansborg (oben) der Sitz des Parlamentes und mehrerer Ministerien ist, bildet der Rokokobau von Schloß Amalienborg seit über 200 Jahren die von der dänischen Garde bewachte königliche Residenz (unten).

Ein bißchen weiter oben steht Kopenhagen, was das kulinarische Angebot angeht. Wer unter jungen Schönen und Betuchten dinieren will, möge sich rechtzeitig einen Tisch im »Victor« bestellen. Da ist das Essen nicht so fett wie bei der traditionellen dänischen Küche, die zumindest in Kopenhagener Restaurants weitgehend ausgestorben ist. Edle dänische Küche bieten vor allem die beiden direkt nebeneinander liegenden Fischrestaurants »Den Gyldne Fortun« und »Fiskekælderen« gegenüber Schloß Christiansborg, Dänemarks potthäßlichem Parlamentssitz. Trotz fetten Essens finde ich es aber am schönsten in »Petersens Familiehave« im Stadtteil Frederiksberg. In dem seit 150 Jahren unveränderten »Familiengarten« sitzt man draußen unter Lauben und ißt die enormen dänischen Mittagsplatten mit »Smørrebrød«: viel Hering, Frikadellen und Käse mit Schwarzbrot. Man trinkt viel Bier, die Kapelle spielt uralte dänische Tanzmusik, und getanzt wird, wenn es sein muß, eben im Mantel.

Kopenhagen ist eine Stadt des 19. Jahrhunderts. Am ehesten spürt man das bei einem sonntäglichen Spaziergang durch die Innenstadt links und rechts vom Strøget, wenn die Autos hier für einen Tag aus allen Gassen verschwunden sind. Die beiden Weltkriege haben den Bauten der Stadt so gut wie nichts angetan. Eine Ausnahme bildet das Tivoli, das die deutschen Besatzer 1943 bombardieren ließen – eine Vergeltung für einen Anschlag auf die Gestapo-Zentrale durch die Widerstandsbewegung. Es gibt ein paar schöne richtig alte Bauten, wie die Börse aus dem 16. Jahrhundert, und ein paar neue, wie direkt gegenüber die erst 30 Jahre alte Nationalbank. Doch sonst herrscht das 19. Jahrhundert vor, nicht immer schön, aber fast immer mit Charme.

Um die Stadt durch stattliche Bauten zu verschönern, ließ der Renaissancekönig Christian IV. die Börse errichten, die zu den ältesten Bauwerken der Stadt zählt (oben). Viel später erst entstanden die beiden Kirchen Kopenhagens: die Nikolaikirche, deren Turm von vielen Orten sichtbar ist (links), und die Marmorkirche (unten), auch als Frederiks-Kirche bezeichnet.

Im Strøget, der enormen Fußgängerzone Kopenhagens, herrscht immer Leben. Er ist das Rückgrat der Altstadt: Auf seinen zahlreichen Straßen und Plätzen lädt eine lange Kette von Restaurants, Cafés und Geschäften mit den renommiertesten dänischen Produkten zu Spaziergängen, erholsamen Pausen und zum Shopping ein.

»Die meisten Dänen sind stolz auf ihre Toleranz und die Bereitschaft, über sich selbst zu lachen, haben aber einen Hang zum Mittelmaß«, umschrieb mein dänischer Kollege Finn Jørgensen, was man so über sich selbst denkt im Reich der kettenrauchenden Königin Margarethe II. Tatsächlich strahlt Kopenhagen alle drei Eigenschaften aus. Der »Freistaat Christiania«, ein 1972 besetztes Kasernengelände fünf Minuten von der City entfernt, sieht nun dem 25. Jahrestag der von den Behörden geduldeten Illegalität entgegen. Man streitet sich unentwegt, ob nicht endlich Schluß sein soll mit dem, was für das brave Bürgertum ein Hort der Gesetzlosigkeit und für weniger Brave ein bewahrenswertes soziales Experiment ist, in dem Drop-Outs eine Chance haben. Aber geräumt wird nicht, auch wenn das Äußere des Geländes von Jahr zu Jahr schäbiger wird und nichts mehr von der einstigen Aufbruchstimmung der jungen Leute Anfang der siebziger Jahre geblieben ist.

Und dann hat Kopenhagen Wasser, viel Wasser. Der Hafen, den die Frachter nur in mühsamer Slalomfahrt durch das Kattegat und den Øresund erreichen können, hat längst das Rennen gegen die großen Meerhäfen verloren und liegt mit Ausnahme einiger Fähren nach Bornholm und Schweden sowie einiger Kreuzfahrtschiffe brach. Doch sonst

nutzen die Kopenhagener ihr Wasser sehr fleißig: An den Stränden wird trotz der – für mich – wenig verlockenden Wassertemperaturen viel gebadet, überall längs des Hafens gibt es Kneipen und Cafés wie in Nyhavn. Beiderseits eines breiten Hafen-Stichkanals aus dem 17. Jahrhundert haben sich hier 300 Jahre lang Seeleute betrunken, tätowieren lassen und gegenseitig ins Wasser geworfen. Heute sind es keine Seeleute mehr, die in den Kanal geworfen werden, sondern unzählige gestohlene Fahrräder. Geprügelt wird auch nur noch selten, aber tätowiert und getrunken immer noch reichlich.

Ein Abschied von Kopenhagen per Flugzeug erinnert jeden Besucher daran, daß Kopenhagen auch auf dem Weg in die Zukunft ist, die mit viel Geld, viel Beton und viel Verkehr zu tun hat. Eine 18 Kilometer lange Querung des Øresund nach Malmø soll hier von der zur Stadt gehörenden Insel Amager gebaut werden, auf der auch der Flughafen Kastrup liegt, Nordeuropas Flug-Drehscheibe zum Rest der Welt. Eine monströse Autobahn wird quer durch die Wohngebiete in Amager schon gebaut, obwohl der bittere politische Streit um den Milliarden-Bau über und unter dem Øresund noch gar nicht endgültig entschieden ist.

Nordisches Flair kennzeichnet den Hafenarm von Nyhavn, in dem Fischkutter, historische Boote und Rundfahrtschiffe anlegen. Die alten Läden und die Tätowier-Studios, die typischen Cafés und Restaurants bringen besonders abends Leben in dieses malerische Viertel.

ST. PETERSBURG

NACH LENINGRAD UND ZURÜCK

Die lyrische Schönheit des »Palmyras des Nordens«, wie St. Petersburg, zweifellos die schönste Stadt Rußlands, auch genannt wird, ist weit über die Grenzen Europas bekannt.
Als Peter der Große (Seite 31 unten) St. Petersburg gründete, konnte er nicht ahnen, welche wechselvolle Geschichte diese Stadt erleben sollte, als knapp 200 Jahre später, am 25. Oktober 1917, ein vom Panzerkreuzer »Aurora« (Seite 31 oben) abgefeuerter Schuß das Startsignal zum Sturm auf den Winterpalast gab.

Auf dem mit Kriegstoten reich gesäten Piskarjow-Friedhof sollte Boris Jelzin des Tages gedenken, an dem Leningrad vor genau 50 Jahren von der deutschen Belagerung befreit wurde, und ich sollte die Worte des russischen Präsidenten festhalten. Erst einen Tag zuvor war ich aus dem Ausland nach St. Petersburg zurückgekehrt, zu wenig Zeit, um mich für den streng geschützten Auftritt akkreditieren zu lassen. Aussichtslos war die Lage jedoch lange nicht. Es war schließlich Rußland, wo zwar das Selbstverständliche oft auf Unverständnis stößt, das Unmögliche aber ebenso oft ins Mögliche mündet. Um rechtzeitig zum Friedhof zu kommen, mied ich die öffentlichen Verkehrsmittel. Selbst wenn es Fahrpläne gäbe, erklärte mir eines nachts eine geduldig Mitwartende völlig unnötig, würden sie nicht eingehalten werden. Das Fahren per Anhalter dagegen funktioniert immer wie am Schnürchen. Augenblicklich hielt ein Wagen an, wir machten einen niedrigen Fahrpreis aus und gerieten alsbald an die Straßensperren, die weiträumig vor dem Friedhof aufgestellt waren. »Fahren wir halt hintenherum«, schlug der typisch wendige Russe vor und lotste seinen verbeulten Lada, einige Schiläufer von den verschneiten Wegen scheuchend, durch ein angrenzendes Waldstück. Ausgestiegen bin ich direkt neben meinem

Ziel, vor dessen Toren sich ein massives Aufgebot an Soldaten darbot. Doch dann erblickte ich die Lücke: An einer unbewachten Stelle seitlich des Geländes war ein Loch im Zaun, durch das ein stetiger Zug von Menschen passierte. Ein sanftmütiger Soldat, von seiner Truppe abgekommen, stütze dabei sogar die älteren Frauen.

Das Bild hatte gleichzeitig etwas Irreales und für mich inzwischen Vertrautes an sich. In der nördlichsten Millionenstadt der Welt verschwimmen übliche Konturen. Anfangs St. Petersburg, danach Petrograd, später Leningrad und dann wieder St. Petersburg genannt, schwebt die Stadt gleichsam in einem Dämmerlicht zwischen Tag und Nacht, Metropole und Provinz, Westen und Osten, Prunk und Dreck, feinen Manieren und fiesen Mafiosi. Sie ist die Kopfgeburt eines Größenwahnsinnigen. Zar Peter der Große stampfte 1703 die neue Hauptstadt seines muffigen Reiches aus den Sümpfen am Flußdelta der Newa als »Fenster zum Westen«. Der Schriftsteller Fjodor Dostojewski empfand sie als »die abstrakteste und ausgedachteste Stadt der Welt«. Für seinen Kollegen Nikolai Gogol war sie »eine Geisterstadt, die aus dem Nichts gekommen ist und ins Nichts zurückgehen wird«. Alexander Solschenizyn beschrieb sie als »fremd, und doch unsere ruhmreichste Pracht«.

Auch die modernen Gebäude (oben) fügen sich ein in das Stadtbild St. Petersburgs. Der Schloßplatz mit der riesigen Alexandersäule und dem 580 Meter langen Halbrund des Generalstabsgebäudes (unten), die mächtige Peter-und-Paul-Festung, deren Mittelpunkt die Kathedrale mit ihrer 122 Meter hohen vergoldeten Turmspitze ist (Seite 33 oben), der weitläufige Dekabristenplatz mit Isaak-Kathedrale und Admiralitätsgebäude (Seite 33 unten), die kunstvollen Brücken oder der tiefrote russische Barock ergeben den Einklang St. Petersburgs: »Zu Stein gewordene Musik«.

Laufend bietet sich dem Auge Eigenartiges: Frauentrupps, die harten Straßenbau verrichten, während die Männer am Bierausschank nebenan lungern; Eisverkäufer, die im Schneegestöber ein gutes Geschäft machen; Katzen, die unbehelligt um die Lebensmittel auf den Ladentischen schlendern; »Babuschki«, die mit zusammengebundenen Zweigen die holprigen Gehwege dieser Atommacht fegen. Die einstige Residenz des Zaren und Wiege der proletarischen Revolution, neuerdings benommen vom hereingebrochenen Kapitalismus, zieht an und stößt ab. Für mich ist diese Stadt eine schwer mißhandelte Schönheit mit schlechten Gewohnheiten und gutem Gemüt, die – wenn das nordische Licht richtig fällt oder ihre Blessuren mit Schnee gepudert sind – berauschen kann.

Gebaut ist das als Gesamtkunstwerk gerühmte St. Petersburg auf 44 Inseln, die von 65 Kanälen und Flußarmen durchzogen und mit 540 Brücken verbunden sind. Die von Peter dem Großen beauftragten besten Architekten und Bildhauer aus Westeuropa haben ein großangelegtes harmonisches Stadtbild voller breiter Plätze, klassizistischer wie barocker Häuser und Paläste hinterlassen, die allerdings meist stark verfallen sind und nur schleppend renoviert werden. Einen der schönsten Ausblicke bietet die Strelka, eine Landzunge der Wassili-Insel, wo sich die Newa in die Große und die Kleine Newa teilt. Von der Haseninsel in dem dunklen Strom ragt die Peter-und-Paul-Festung empor. In ihren Bastionen hat Peter seinen Sohn Alexej zu Tode foltern lassen, mußte Dostojewski eine Scheinhinrichtung vor seiner Verbannung nach Sibirien durchmachen, wurde der Bruder Lenins erhängt. In der Peter-und-Paul-Kathedrale ruhen die Überreste fast aller Romanow-Herrscher Rußlands.

Die Zeit der Zaren ist lange vorbei, doch scheinen Rußlands Herrscher noch in der Architektur dieser Stadt zu leben: Leuchtendes Weiß und glitzerndes Gold – so empfängt die Eremitage im einstigen Winterpalast Peter des Großen ihre Besucher in festlich barocker Pracht (oben). Derselbe Zar errichtete sich am Meer seine Sommerresidenz, den Peterhof, prächtig wie Versailles und doch ganz anders (Seite 35 unten). Auch die Kirchen sind Zeugen des Zarentums, wie die Katharina-Kirche oder auch die Erlöserkirche (Seite 135 links und rechts), die an der Stelle errichtet wurde, an der Alexander II. 1881 einem Attentat zum Opfer fiel.

Wenn man den Blick rechts zum Newa-Ufer schwenkt, fängt ihn der grün-weiße Winterpalast der Zaren, in dem das weltberühmte Eremitage-Museum untergebracht ist. Von der Zarin Katharina II. und ihren Nachfolgern zusammengetragen und mit der Verstaatlichung des Privatbesitzes nach der Revolution erheblich vergrößert, umfassen die in prachtvollen Räumen ausgestellten Sammlungen mehr als 3 Millionen Exponate einschließlich einmaliger Gemäldegruppen von Rembrandt, den französischen Impressionisten, Picasso und Matisse. Dennoch ist es um die Hauptsehenswürdigkeit St. Petersburgs nicht bestens bestellt. Ehemalige Sowjetrepubliken, die russisch-orthodoxe Kirche, enteignete Privatsammler und der frühere Kriegsgegner Deutschland fordern Kunstschätze zurück. Kellerräume stehen zum Teil unter Wasser, der Prachtbau sinkt in den sumpfigen Boden, der Feuerschutz ist mangelhaft und lax gesicherte Objekte werden dann und wann gestohlen.

Noch schwerer hat es eine andere Säule der reichen Petersburger Kulturszene, das Mariinskj-Theater, das mit den glänzendsten Talenten des russischen Theaters und des russischen Balletts verbunden ist. Doch nach dem Ende des Kommunismus bleibt die staatliche Unterstützung weitgehend aus. Heute muß sich das Theater um seine Finanzen selbst kümmern, während seine Stars ungehindert die einträglichsten Angebote im Ausland annehmen können.

Die Spuren der wild um sich greifenden Marktwirtschaft sind am deutlichsten auf dem Newskij Prospekt zu spüren, der mit unendlichen Menschenmengen verstopften Hauptlebensader der Stadt. In einer früheren Ära – nicht allzu lange her – kam es einer Schwerstaufgabe gleich, einfach einmal eine Tasse Kaffee zu trinken auf dem Newskij. Die seltenen Cafés auf dem viereinhalb Kilometer langen Boulevard waren entweder »wegen Renovierung« geschlossen oder hatten lange Schlangen vor sich. Die Schlangen sind nicht völlig verschwunden, sondern winden sich nun jeweils vor dem neuesten Geschäft oder den neuen Wechselstuben, in denen US-Dollar gern als Inflationsversicherung angekauft werden. Ausländische Restaurants und Kneipen, Sportartikel-, Elektronik- und Lebensmittelläden schießen aus dem Boden und rütteln mit ihrem Knowhow die russischen Geschäfte wach. Die ersten Straßencafés sind aufgetaucht. Kioske, die alles von Büstenhaltern bis Wodka feilbieten, arbeiten rund um die Uhr. »Pereputschiki«, Wiederverkäufer, handeln mit ein paar Flaschen Bier oder anderem Kleinkram und hoffen auf einen bescheidenen Verdienst. Alte und Lädierte betteln.

Nachdem Lenin im Herbst 1917 an diesem Finnischen Bahnhof aus dem Exil zurückgekehrt war, führte er Rußland in die Oktoberrevolution. Aus St. Petersburg wurde Leningrad. Heute ist es wieder St. Petersburg, und die Jugend versäumt es nicht, jenen freien Lebensstil westeuropäischer Metropolen in ihre Stadt zu holen.

Geblieben, in mancher Hinsicht ja gewachsen, sind die tausend Widrigkeiten des russischen Alltags. Schlamperei und Fahrlässigkeit groß und klein sind allenthalben. Das Atomkraftwerk im nahegelegenen Sosnowy Bor macht ab und zu von sich reden, und russische Briefumschläge kleben schlecht. Strom-, Gas- und Wasserleitungen bedürfen einer Generalüberholung. Straßen sind aufgerissen und Gullys nicht zugedeckt. Autos flitzen bei Rot ohne Licht in die falsche Richtung und direkt auf Fußgänger zu, die ihrerseits alle Regeln mißachten. Luft und Trinkwasser sind stark verschmutzt. Warmes Wasser, Heizung und Telefon können wochenlang ohne Vorwarnung von den Behörden abgeschaltet werden. Höfe und Treppenhäuser sind vorwiegend verdreckt und unbeleuchtet. Die Trunkenheit liegt wie ein Fluch über dem Land.

Dazu kommen Bürokratie, Korruption und – mit dem Zusammenbruch der kommunistischen Ordnung – steigende Kriminalität. Einfache Vorgänge arten regelmäßig in Großunterfangen aus. Ein russisches Sprichwort sagt: »Schmierst du nicht, fährst du nicht.« Diejenigen, die in St. Petersburg Geschäfte treiben, haben außer den Behörden und dem Rechtschaos auch noch die sogenannte Schutzgeldmafia am Hals, die die Stadt am Griff hat und wenig zimperlich mit Widerborstigen umgeht.

Aber das alles ist nur die eine Seite. Ist es nicht etwa ein Großmutszeugnis, daß sich dieses Volk nie so richtig für das Prosaische hat begeistern können? Vorsicht und Krämergeist passen nicht zu dem Riesenland, wo gewaltige Dichter, Schachgenies, Ballerinen, Revolutionäre, Komponisten und Raketenkonstrukteure wie Wildblumen am Komposthaufen sprießen. Wenn die ungezügelte russische Seele dich an ihre warme Brust drückt, läßt sie tausendundein Ärgernis vergessen. In solchen Momenten scheint die materielle Nacht zu schwinden wie in den hellen Mittsommernächten St. Petersburgs. Dann will der Schlaf nicht kommen, es zieht dich auf die Straßen dieser jungen Stadt, die schon so viel durchlebt hat. Gleich Gefäßen sammeln ihre vergoldeten Turm-

nadeln und Dachkuppen das blasse magische Licht: auf der Admiralität, wo der Schiffsnarr Peter der Große seine Werft baute; auf der Isaaks-Kathedrale, die der deutschen Luftwaffe während der 872 Tage dauernden Belagerung als Hauptorientierungspunkt diente. Du streifst umher mit einer seltsamen Erregung, und Geister werden wach: auf der Wiese, auf der der große Puschkin im Duell tödlich getroffen wurde; auf der Brücke von der man den verhaßten Rasputin warf; auf dem Bahnhof, an dem Lenin aus dem Exil zurückkehrte. Und zwischen ihrer bewegten Vergangenheit und einer ungewissen Zukunft schwebt die Stadt – im Dämmerlicht.

112 Säulen, Bronzestatuen und Kuppeln schmücken eine der größten Kirchen Europas, das Juwel von St. Petersburg, die Isaak-Kathedrale (unten links). Von ihrer riesigen vergoldeten Kuppel aus genießt man einen herrlichen Blick über die Stadt, die ihre großen Bürger mit Standbildern und Denkmälern ehrt, so wie auch Alexandr Puschkin (unten rechts).

MOSKAU

ZEITSPRUNG

Das Herz Moskaus ist der Rote Platz. Dieses 700 Meter lange und 130 Meter breite Gelände wird auf der einen Seite von der Kreml-Mauer und dem aus düsterrotem Porphyr und schwarzem Granit erbauten Lenin-Mausoleum (unten) begrenzt. Im Süden schließt die von Iwan dem Schrecklichen erbaute, weltberühmte Basilius-kathedrale (oben) als Höhepunkt den Roten Platz ab.
Ein herrlicher Blick über die Stadt bietet sich von der Neuen Lomonossow-Universität, die gigantisch als architektonisches Ausrufungszeichen der Sowjetunion auf den Leninbergen thront (Seite 41).

Heutzutage ist der internationale Flughafen die Visitenkarte einer Metropole. Sheremetjevo war für mich einmal ein Gefängnis gewesen. 1975 auf einem Flug in den damals noch sozialistischen Südjemen habe ich in Moskau den Anschluß verpaßt. Offensichtlich war das ein Vergehen, denn ich mußte zusammen mit anderen derartig Gestraften 36 lange Stunden in einem streng abgeschirmten, kahlen Raum auf die nächste Verbindung warten. Bei einer normalen Einreise in die Sowjetunion empfand ich das Flughafenpersonal immer als überheblich und unwillig. Neuerdings aber sind die Beamten in Sheremetjevo weder überheblich noch unwillig, sondern einfach nur überfordert.

Denn die Welt hat Moskau entdeckt, eine Stadt am Rande Europas, ein Angelpunkt der slawischen Völker und die ehemalige Machtzentrale des Kommunismus. Der Reiz des Verbotenen umgibt den Sitz des einstigen Geheimdienstes KGB. Die mächtige Basiliuskathedrale mit ihren vielen bunten gezwirbelten Türmen erscheint wie ein Dach über dem orthodoxen Slawentum. Die geschwungenen Zinnen, die hohen Backenknochen und die allgegenwärtigen Pelzmützen verleihen dem Stadtbild etwas Fremdartiges, vermitteln dem Besucher ein Gefühl der Ferne.

Mitten zwischen den alten Kirchen, Mauern und Palästen steht der gigantische Zuckerbäckerstil der Sozialisten. Dieses Bild überschminken die großen und kleinen Kapitalisten von heute mit grellen Reklamen, Imbißbuden und Diskotheken. »Moskau ist mitten in einem Zeitsprung«, meinte eine Fernsehkollegin aus Armenien. »Es weiß nur nicht, ob es ein Sprung in die Zukunft oder zurück in die Vergangenheit werden soll.«

Auf der Arbat, einer Fußgängerzone in der Innenstadt, bietet mir ein Händler eine kleine Dose Kaviar, eine Ikone, eine Flasche Cola und einen Stapel pornographischer Fotos an. Der Kaviar erwies sich als zu alt, die Ikone als zu neu. Die Cola war warm, nur der Porno war heiß. Offenbar folgt dem Sturz einer Diktatur immer ein sexueller Nachholbedarf. Allerdings habe ich vergeblich nach den neuerdings oft beschriebenen wilden Nächten Ausschau gehalten. Sogar manche Damen, die vor den großen Hotels durch langsames Gehen schneller vorwärts kommen wollen, sind von gestern. Dafür geben sich nun aber manche Herren mit ihren Seidenschals und ihren getönten Brillen als Schlawiner zu erkennen. So nämlich nannte das germanische Vorurteil slawische Fremdlinge: Schlawiner.

Die freie Marktwirtschaft hat tatsächlich viel kriminelle Energie freigesetzt. Ein Banker aus Hamburg sagte mir, daß »Schutzgebühren« für Hochpreisimmobilien durchaus üblich seien.

Auch das Taxigewerbe liegt noch im argen. Besonders bei Nacht oder bei Regen versuchen viele Chauffeure ein paar Dollar oder Mark mehr abzustauben als der Tarif erlaubt. Ich empfehle gutes Schuhwerk oder die großartige Metro, deren Stationen eher an Paläste erinnern als an Wartehallen. Moskau ist durchaus übersichtlich, und wer gut zu Fuß ist, kann sich die Innenstadt erlaufen. Der natürliche Ausgangspunkt ist das architektonische Wunderwerk des Kreml: Schatzkammer, Reliquienschrein und Herrschersitz zugleich. Der Zarenpalast war die Residenz

Bummeln kann man in Moskau nicht nur durch die Fußgängerzone Arbat (ganz oben), nicht nur durch das Kaufhaus GUM, unter dessen gewölbten Glasdächern über 500 Läden auf 3 Stockwerken eine insgesamt 2,5 Kilometer lange Ladenstraße bilden (oben), sondern sicherlich auch durch die über 100 Metro-Stationen (unten) – geschmückt wie Zarenschlösser wurden sie als imposante Kunstwerke errichtet.

Internationale Baumeister schufen jenen einzigartigen Baukomplex, der in exemplarischer Weise das gesamte Kunstschaffen Rußlands dokumentiert, den Kreml. Einst als Zaren- und Patriarchenresidenz angelegt, dann zur Zentrale des Sowjetstaates umgebaut und heute Sitz des russischen Parlamentes, befinden sich hinter dem über zwei Kilometer langen Festungswall prachtvolle Kathedralen und Paläste, wie der Große Kremlpalast, dessen Fassade sich 120 Meter lang in Blickrichtung zur Moskwa erstreckt (links).

für Lenin und Stalin, Gorbatschow und Jelzin. Seitdem politische und journalistische Wichtigtuer hier freien Zugang finden, wirkt er nicht mehr so würdig wie früher. Allerdings flößt er heute auch keine Furcht mehr ein.

Meine armenische Fernsehkollegin meint: »Niemals waren Rußland und seine historische Hauptstadt so offen, waren seine Bewohner so offenherzig.« Diese Beobachtung wird verstärkt durch die neue Erfahrung des ausländischen Besuchers, weder vom KGB noch von der Begleitung durch das staatliche Reisebüro »Intourist« beobachtet zu werden. Die argwöhnischen Argusaugen sind weg, die Neugier hat sie ersetzt.

Die Moskauer suchen das Gespräch, mit den Ostdeutschen auf russisch, mit den Westdeutschen schon wieder ein wenig auf deutsch – in zaristischer Zeit die zweite Sprache der gebildeten Schicht. Peter der Große zog viele deutsche Wissenschaftler und Militärs an seinen Hof, Katharina die Große kam von der Burg Zerbst in Sachsen-Anhalt und hat viele Deutsche zur Auswanderung an die Wolga animiert. Zar Nikolaus II. war ein Vetter des deutschen Kaisers Wilhelm II., was die beiden jedoch nicht daran hinderte, sich gegenseitig in den Ersten Weltkrieg zu schaukeln. Der Briefwechsel zwischen Kaiser und Zar von Juli bis August 1914 – herausgegeben in London – liest sich wie eine inszenierte Tragödie. Die russische Monarchie geht in den Flammen der Oktoberrevolution auf, und die deutsche mündet über den Umweg der Weimarer Republik im Nationalsozialismus.

Beeindruckend ist auch die Zarenglocke. Das sechs Meter hohe Meisterwerk ist mit seinen 210 Tonnen Gewicht die größte Glocke der Welt (oben). Der Terjem-Palast diente vor allem den Frauen der Zarenfamilie als Aufenthaltsort und Wohnsitz (links).

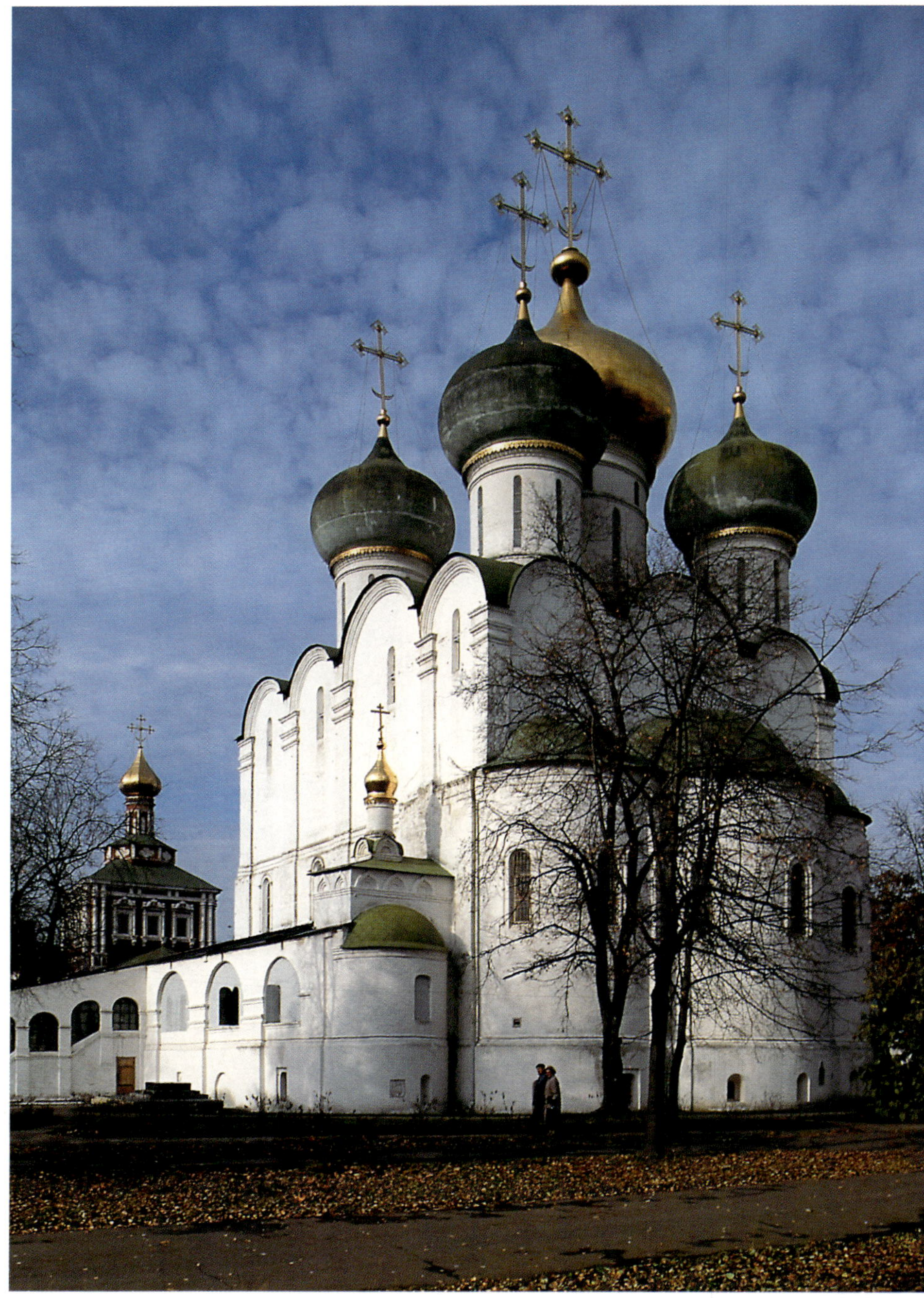

Der nach dem Kreml zweitwichtigste sakrale Baukomplex ist das Neue Jungfrauen Kloster (rechts), dessen sehenswerter Friedhof (oben) zahlreiche Gräber der geistig-kulturellen Elite Rußlands, wie Tolstoi, Gogol oder Tschechow, enthält. Das Kloster gehörte einst, wie auch das Andronikow-Kloster – heute das Museum des großen Meisters der Ikonen-Malerei, Andrej Rubljow (unten) – zu dem Ring von sechs Wehrklöstern, die zum Schutz der Stadt angelegt wurden. Beachtenswert ist auch die orthodoxe Kirche des Heiligen Nikolaus (Seite 45 unten). Nach dem Zusammenbruch der Sowjetunion ist auch das religiöse Leben auf der Straße in Form von Prozessionen wiedererwacht (Seite 45 oben).

Im »ersten« Hotel des heutigen Moskau, im »Metropol« zeigt mir Direktor Müller aus Wiesbaden eine imposante Gästeliste. Sie reicht von Nikolaus II. über Lenin, Stalin und Mao Tse Tung bis zu Michael Jackson und Schirinowski. Die Lüster, die Bilder und die antiken Möbel dieses illustren Hauses waren im Ersten Weltkrieg ausgelagert worden und sind nun – nach einer Renovierung für über 120 Millionen Dollar – in das »Metropol« zurückgekehrt. Wo unter der bleiverglasten Kuppel einst Lenin sprach und Dr. Schiwago gedreht wurde, singt jetzt Wladimir Silajew oder einer seiner Kollegen vom benachbarten Bolschoj Theater »Moskauer Nächte« für Edeltouristen. Das neue Glanzstück des »Metropol« ist der Andrei Rubljow-Raum, benannt nach einem Mönch aus dem 15. Jahrhundert, der als Vater der Ikonen-Malerei gilt. In diesem Raum verkehrt auch der Ultranationalist Schirinowski, der die alte Größe Rußlands, vor allem aber seine Reichweite wiederherstellen will. In Kiew sah ich eine Demonstration seiner Gegner, auf ihren Protesttafeln stand: »Heute die Krim, morgen Alaska«. Für Schirinowski gehören die Krimhalbinsel und eigentlich die ganze Ukraine zu Moskau. Auch hat er den alten imperialen Anspruch auf Alaska wieder aufleben lassen. Peter der Große hatte einst seine Pioniere um die halbe Welt geschickt, um sich auch ein Stück Amerika zu sichern. Am 18. Oktober 1867 hat der

Zarenhof dann dieses Russisch-Alaska für eine Handvoll Dollar an die USA verkauft. Damals – gegen Ende des 19. Jahrhunderts – muß Moskau eine zweite Heilige Stadt gewesen sein mit einer Heerschar von Kirchen und Klöstern und einem Konzert von Glocken und Chören. Unter Stalin verstummten die Glocken, und zahlreiche Kirchen wurden abgerissen.

Rund um Moskau zog sich ein Ring von Wehrklöstern, die zum Teil bis heute erhalten sind. Eine besondere Bewandtnis hat es mit dem Neuen Jungfrauen Kloster. In der Zarenzeit waren verstoßene und verwitwete Frauen von Adel gezwungen, den Schleier zu nehmen. Ihr Erbe mußten sie dem Kloster spenden – daher die ungeheure Pracht. Unter Breschnjew wurde das Neue Jungfrauen Kloster zum Vorzeigeobjekt, und so liegen auf dem Friedhof Parteigrößen wie Nikita Chruschtschow und Parteilieblinge wie Regisseur Sergej Eisenstein und Opernsänger wie Fjodor Schaljapin. Irgendwie konnte sich auch Michail Bulgakow einschmuggeln, der Dichter, der mit seinem Roman »Der Meister und Margarita« Stalin aufs Korn genommen hatte. In der heutigen Wirklichkeit liegt romantisch im Zentrum des poetischen Geschehens, im bürgerlichen Margaritaviertel, das »Café Margarita«. Einlaß in diesen Literaten- und Künstlertreff findet jedoch nur, wer mit dem Türsteher zurechtkommt.

Mit dem Bolschoj Theater (rechts) besitzt Moskau auch eines der bedeutendsten Theaterhäuser der Welt. Dieses Meisterwerk klassizistischer Formgebung bietet in seinem aus fünf Rängen bestehenden Zuschauerraum Platz für 2 300 Menschen (oben). Ein Besuch in diesem Theater ist ein Erlebnis, das man in einem der zahlreichen georgischen Restaurants, wie etwa im »Aragwi«, feierlich beschließen kann (unten).
Keine andere Stadt Rußlands bietet so viele Sportanlagen wie Moskau. Zu den wichtigsten Komplexen zählen das für 100 000 Zuschauer errichtete Lenin-Stadion (Seite 47 oben) und auch der Sportkomplex des modernen »Kosmos-Hotels« mit seinen exakt 1 777 Zimmern (Seite 47 unten).

Überhaupt ist das Ausgehen eine Wissenschaft für sich. »Trendy und Tasty«, voll im Trend und sehr geschmackvoll, so stellen sich die Moskauer Gastronomen besonders auf ihre amerikanischen Gäste ein. Aber solche Restaurants sind selten und haben auch selten Plätze frei. Im Land der Joint-Ventures durchdringen ohnehin Italiener und Spanier, Amerikaner und Deutsche das Gasthausgewerbe. Ich aber ziehe die georgische Küche allen anderen vor. Im »U Pirosmani« nahe dem Nordovichy Kloster gibt es Kunst und Khachapuri, Käsegebäck. Im »Aragwi« drängen sich Ballerinas und Diplomaten bei georgischem Hammelfleisch. Wer zum Essen Unterhaltung sucht, ist gut aufgehoben im »Skazka«. Das Essen und die Atmosphäre bei Kerzenlicht sind russisch, die Kosakentänze und Akrobatenakte typisch. Andrej, ein russischer Journalist, schwört auf Pelemeni, das sind Fleischknödel auf sibirisch. Wir haben sie im »Café Ordynka« verzehrt. Andrej hat mir auch Karten für das Bolschoj Theater besorgt. Nach wie vor weiß der Besucher im Bolschoj nicht, was er mehr bewundern soll, die glanzvolle Innenausstattung, die Musik der Tschaikowskys und der Rimsky-Korsakoffs oder das Ballett. Das Gesamterlebnis können auch die neueren Genüsse Moskaus nicht verdrängen, weder ein Rockkonzert auf dem Roten Platz noch ein Strip Tease im Night Club.

Nach wie vor kann man Moskau nicht ohne Visum besuchen, und dies erhält man erst, wenn die Frage der Unterkunft geregelt ist. Früher ein schwieriges Unterfangen, lösen neue Hotels in Joint-Venture-Manier immer mehr das Problem der Bettenknappheit. Wer die Stadt allerdings aus Stalins Blickwinkel betrachten möchte, bucht in einem der Hochhaushotels, die der Diktator im Zuckerbäckerstil erbauen ließ. Dem Kreml am nächsten liegt das »Moskwa«. Bei einem Essen hat mir der politische Reformer Anatoli Sobtschak erklärt, warum das »Moskwa« so asymmetrisch ist: »Es heißt, der Architekt hat zwei Varianten entworfen, und Stalin hat beide unterzeichnet.« Heute teilt eine unsichtbare Linie das »Moskwa« in zwei verschiedene Architekturhälften. Als Sobtschak das erzählte, war er noch Bürgermeister in Leningrad. Heute heißt seine Stadt St. Petersburg. Aber das ist ein anderes Kapitel.

LONDON

CLUBS UND PUBS

COLORAMA

Pubs und Clubs gibt es in London praktisch überall. Sie gehören zu dieser Stadt wie die Cafés und Bistros zu Paris. Die typische Einrichtung, die Vielzahl der Biersorten und die Trinkgewohnheiten der Gäste kennzeichnen London ebenso wie das berühmte Panorama mit Big Ben und den Houses of Parliament (Seite 51).

Ein Regenguß hatte mich in das Pub gegenüber dem Imperial War Museum gescheucht und andere mit mir. Diese anderen erzählten mir Geschichten vom Krieg. Sie waren gerade in einer Sonderausstellung zum Thema D-Day gewesen und wollten am nächsten Morgen nach Portsmouth an der Küste – dem Ausgangshafen für die alliierte Landung in der Normandie, fünfzig Jahre zuvor. Das Pub ist von der altmodischen Sorte, verblaßte Vorhänge, abgeschabte Sitze, verrauchte Luft und Jahrhundertflecken auf dem Bartresen. Die Veteranen aus dem Zweiten Weltkrieg erschienen mir wie zugehöriges Inventar. Der Whisky hatte ihre Zungen gelockert, und den Besucher aus Deutschland haben sie gleich ins Gespräch gezogen – ohne jede Feindseligkeit, aber mit dem Stolz der Sieger von damals. Was ich bei den einstigen Gefreiten im Pub erlebte, hat sich noch am selben Abend auf anderer Ebene wiederholt.

Ein britischer Freund nahm mich mit in einen Club an der St. James' Street. Dem Butler am Eingang mußte er meine Anwesenheit ausführlich erklären, bevor ich Einlaß fand. Mein Freund war im Zweiten Weltkrieg Offizier. Er schwärmte vom D-Day und meinte großzügig: »Die Deutschen haben es uns sehr schwer gemacht, damals an der Goldbeach in Bayeux.« Mir fiel auf, daß sowohl die »einfachen« als auch die »besseren« Männer gerne vom Krieg reden in England und, daß sie das in verschiedenen Kreisen tun, säuberlich getrennt in Pubs und Clubs. Eigentlich beginnt diese Trennung schon in der Kinderstube. Die einen wachsen in Palästen und Penthäusern auf, die anderen in Reihenhäusern und im sozialen Wohnungsbau. Die einen gehen in Eliteschulen von Eton bis Oxford, die anderen zur Public School. Die einen gehen zum Tennis nach Wimbledon, die anderen zum Fußball nach Wembley. Ihre Symbolfiguren jedoch, wie Prinzessin Di oder Cartoonheld Andy Capp, gehören wieder allen.

»Zu modern und zu fremdartig« – mit diesem Satz kritisierten die Londoner zu Beginn des 18. Jahrhunderts die an der italienischen Renaissance orientierte St. Paul's Cathedral. Heute gilt sie als die schönste Kirche Londons.

Dieses Getrennt-marschieren-und-vereint-schlagen zieht sich meiner Ansicht nach wie ein roter Faden durch die englische Gesellschaft: untereinander zerstritten, aber gegenüber Kontinentaleuropa geschlossen. London ist ein Spiegelbild dieser Volksmentalität. Der aufmerksame Besucher wird ihr überall begegnen: in den Hallen des Parlamentes von Westminster, auf den Märkten der Cockneys auf der Cheap Side, an der Speaker's Corner im Hyde Park und beim Fünf-Uhr-Tee im »Ritz«.

Zur feinen Lebensart des britischen Gentleman gehörte offenbar das Trinken, nicht das Essen. Da war ein Reichtum an Teesorten, dazu langweilige Sandwiches oder einfallsarmer Shortcake … zum Frühstück so Eigenartiges wie Fisch mit Plumpudding, am Abend verkochtes Gemüse und zu stark gebratenes Fleisch … vorher reichlich guten Whisky, hinterher ins Bett … dafür alles jedoch auf Tafelsilber serviert und vom Butler gereicht.

In den Pubs war dieses Angebot noch etwas simpler zu haben: Fish and Chips, mehlige Würstchen … aber ein reiches Barangebot, und um 11 Uhr abends wurde der Laden dicht gemacht.

Wenn sich der Tourist vom Kontinent nicht mit der britischen Küche anfreunden wollte, blieb ihm das Ausweichen auf die kolonialen Ableger Großbritanniens. Noch heute geht man auf Nummer Sicher bei einem der

London ist ein Hort der Kunst und ein Nest der Kleinkunst. Da sind das National Theatre, die Royal Shakespeare Company, das Royal Opera House. Im Rang gleich dahinter folgen das Sadler's Wells und das Globe – letzteres wurde Anfang 1995 umgetauft in The Gielgud. Das ist eine Reverenz an den Schauspieler Ian Gielgud, der um die Jahreswende neunzig wurde und einmal den besten »Hamlet« dieses Jahrhunderts abgegeben haben soll. Das Gielgud an der Shaftesbury Avenue eröffnet dann auch mit einem neuen »Hamlet«. Auf der anderen Themseseite entsteht derweil das Original-Shakespeare-Theater Globe neu.

Über fünfzig andere Theater drängen sich im Londoner West End zwischen Oxford Street und Trafalgar Square. Sie werden garniert von Kunstgalerien, Jazzkneipen und Tanzhallen. Für mich allerdings ist das West End vor allem ein Paradies des Musicals. Die Bühnenauswahl reicht von A wie Adelphi bis W wie Whitehall. Das Programm reicht von Eintagsfliegen, die schon nach einer Aufführung den unbarmherzigen Kritikertod finden, bis zu Dauerbrennern, die ein Dutzend und mehr Jahre spielen. Das gilt vor allem für die Fantasiegeschöpfe des genialen Andrew Lloyd Webber. Sein »Cats«, sein »Phantom of the Opera«, sein »Starlight Express« haben die Welt erobert. Alle Anzeichen deuten daraufhin, daß »Sunset Boulevard« es ihnen gleichtun wird.

Wer über das Standardangebot hinausgehen will in der Theaterkost, dem empfehle ich einige Gänge aus dem Menü jenseits der West End-Tafel. Am Sloane Square liegt das Royal Square Theatre, das vor allem neue Autoren spielt. Nach der Aufführung kann man über sie oder mit ihnen im Café um die Ecke diskutieren. Draußen in Lambeth zieht das Young Vic ein junges Publikum an. Eine Café-Bar im Theater serviert vegetarische Gerichte und Pasta zu kleinen Preisen. Ein Theater in der viktorianischen Tradition ist das King's Head. Es soll so volkstümlich sein wie zu Shakespeares Zeiten: vorne das Pub und hinten die Bühne. In dieses Theater geht aber nicht das ordinäre Volk, sondern ganz im Gegenteil die »high society«. Ich habe mehr Zweireiher gesehen als Pullover – sowohl im Saal wie an der Bar des Pubs.

Als Erinnerung an die siegreichen Schlachten Admiral Nelsons, als Treffpunkt für politische Versammlungen und Demonstrationen, als turbulenter Festplatz in der Silvesternacht ist Trafalgar Square (oben) der zentrale Orientierungspunkt der Metropole. Das Zentrum des Nachtlebens ist Soho (unten links). Hier gibt es die unterschiedlichsten Straßenkünstler, die internationalsten Küchen, die meisten Theater und die exklusivsten Clubs.

Fast ein Jahrtausend liegt zwischen diesen beiden englischen Schaltzentralen der Macht. Nach der wechselvollen und blutigen Geschichte des Towers von London (oben) als Festung, Königspalast und Staatsgefängnis wird England nun von einer anderen Adresse aus regiert: Downing Street No. 10, die offizielle Residenz des englischen Premierministers (unten).

Pub kommt von Public und steht eigentlich jeder Art von Publikum offen. Wer für sich oder unter seinesgleichen bleiben will, bevorzugt den Club. Das System der geschlossenen Gesellschaft und der Klassentrennung ist weit älter als das Clubwesen. Das Vorurteil dagegen und die Begeisterung dafür machen sich jedoch an einem Datum fest. Im Jahre 1693 macht in der St. James' Street ein Kaffeehaus nur für Gentlemen auf. Kurz zuvor hatte England mit den »Bill of Rights« eine Gesetzgebung verabschiedet, die als Urmutter der freien Rede, des freien Handels und einer gewissen Gleichberechtigung der Menschen gilt. Das Kaffeehaus des Italieners Bianchi, der sich und sein Etablissement »White's« nennt, erfreut sich großen Zuspruchs. Ebenfalls in einem Kaffeehaus eröffnete Edward Lloyd ein Versicherungsunternehmen, das bis heute »Lloyd's« heißt. Die Bank von England und die Londoner Börse werden gegründet. Die Kaufleute und Börsenmakler tätigen ihre Geschäfte in »Clubbes«, die wie Pilze aus dem Boden sprießen. Das Viertel zwischen der St. James' Street und der Pall Mall wird schon bald das »Clubland« und schließt sich vom allgemeinen Volk ab. Wie es in Baedekers Reisehandbuch noch Ende des vergangenen Jahrhunderts heißt: »werden neue Mitglieder in geheimer Abstimmung aufgenommen, können durch ›black balls‹, schon eine kleine Zahl von Gegenstimmen, abgelehnt werden.« Was also zunächst als gesellschaftliche Organisationsform unterhalb des bis dahin alles beherrschenden Adels begann,

Ob die Tower-Wachen in ihren traditionellen Uniformen, die immer präsenten britischen Polizisten, eher bekannt unter dem Namen »Bobby«, oder die berühmten roten Telefonzellen – sie alle prägen das Stadtbild Londons.

entwickelt sich schon bald selbst zur abgeschirmten Oberklasse. Die Offiziere und die Politiker, die Künstler und die Sportler bilden Hierarchien, deren Spitzen in den Clubs klüngeln. Die Zahl der Clubs ist heute auf gut vierzig geschrumpft, was auch mit ihrer schwindenden Attraktivität für die jüngere Generation zusammenhängt. Wer heute einen Blick durch die Vorhänge in das »White's« und die anderen Gentlemenclubs erhaschen kann, sieht scharfe Bügelfalten, altmodische Binder und Greisengesichter inmitten von klassischen Säulen, getäfeltem Holz und offenen Kaminen – ein Blick in die Vergangenheit.

Die erweiterte Form der Clubs sind die Societies: Gesellschaften oder Stiftungen, die nicht Personen, sondern Anliegen dienen. Viele von ihnen verfügen über mehr Geld als die Clubs, und fast alle tragen den Vornamen »Royal«, königlich. Die Societies fördern die Industrie, die Astronomie, die Geographie und vieles mehr. Sie alle rufen einmal im Jahr zu Wohltätigkeitsveranstaltungen, die wiederum ein Muß für die bessere Gesellschaft sind. Anläßlich dieser Festivitäten zeigt sich die ehemalige weltumspannende Kolonialmacht in all ihren Orden und Ehrenzeichen, in ihren Familienjuwelen und Gala-Roben. Selbstverständlich findet das gemeine Volk keinen Einlaß, dafür aber wird es durch die Vorfahrten der illustren Gäste auf die Straße gelockt, um wenigstens einen Blick in die Welt zu werfen, die ihm verschlossen bleibt. An der Spitze der Vereinspyramide stehen natürlich die Royals selbst.

Zu den touristischen »musts«, den Wahrzeichen Londons, gehören die Tower Bridge mit ihren beiden 66 Meter hohen Türmen (Seite 58 oben), die St. Paul's Cathedral und ihr reichverzierter Innenraum (Seite 58 unten) sowie Westminster Abbey (links), seit Wilhelm dem Eroberer die Krönungskirche aller englischen Herrscher und das Grab der meisten Monarchen. Ihre Denkmäler zieren das gesamte Königreich: Richard Löwenherz (oben) oder Viktoria I.(unten).

Die Königlichen mögen noch soviel anstellen, das Königshaus erfreut sich bei den Engländern einer unerschütterlichen Beliebtheit. Die Königinmutter führt dabei die Popularitätsskala an, und das obwohl sie gern ins Ginglas schaut, launisch ist und militaristisch gesinnt dazu. Queen Elizabeth genießt Verehrung, obwohl sie merkwürdige Hüte und Kopftücher trägt, klobige Handtaschen bevorzugt und ein rechter Hausdrachen sein kann. Ihr Gatte, Prinz Philip, wird mehr als Dekoration hingenommen und darf auch schon mal fluchen. Die Königskinder dagegen müssen ihre Eskapaden in der Öffentlichkeit breittreten lassen. Immer wieder liefern sie lebendigen Stoff für die beste Seifenoper der Medienwelt. Wenn aber die Familie in ihren Prachtkutschen zum Geburtstag der Königin oder zur Eröffnung der Reiterspiele in Ascot ausfährt, dann erstarren die Untertanen in Ehrfurcht, oder sie brechen in Jubel aus. Hauptsache der Rahmen stimmt: der Wachwechsel vor dem Buckingham Palast um 11 Uhr morgens, das huldvolle Winken vom Balkon und die gelegentliche Prunkhochzeit. London ist die Hauptstadt einer abgeschlossenen Geschichte, und die Königsfamilie ist ihr Ausrufezeichen.

Im Laufe ihrer Geschichte hat die britische Monarchie das Beste an Großbritannien in Privatbesitz genommen. Die Königin ist noch immer eine der reichsten Personen der Welt. Allerdings steht ein Großteil ihres Besitzes nun für Besucher offen. Dies gilt auch für die offizielle Stadtresidenz Buckingham Palace (unten) oder den Familienwohnsitz Windsor Castle (oben rechts).

Mein Favorit unter den vielen Schlössern ist Windsor. Wann immer ich bei meinen Überseereisen auf dem Flughafen Heathrow Zwischenstation machen mußte, nahm ich Reißaus, allerdings nicht durch die ohnehin meist verstopften Straßen nach London hinein, sondern in die Gegenrichtung zu dem herrlich auf Klippen über der Themse gelegenen Schloß Windsor. Auch wer den saftigen Eintrittspreis von acht Pfund zu den Hofkapellen und der Geschenkegalerie nicht zahlen will, kommt auf seine Kosten. Denn schon die Atmosphäre ist königlich. In London selbst sind die königlichen Parks und Gärten heute so etwas wie die Lungen der Stadt. Hyde Park, Kensington Gardens, Regent's Park, Green Park, St. James' Park – einst diente ein Großteil dieser Grünflächen Heinrich VIII. als königliches Jagdrevier.

Auf diesen König beziehen sich die Engländer besonders gern. Heinrich VIII., der seine Frauen umbringen ließ und auch sonst ein Scheusal war, hat die Briten das Gruseln gelehrt. 007-Darsteller Sean Connery hat mir einmal erzählt, daß die Liebe zum Morbiden eine herausragende Eigenschaft der Engländer sei.

Im berühmten Purcell Room auf der South Bank spielte mit großem Erfolg: »Henry VIII., das Tagebuch eines Massenmörders«, eine Art Varieté. Der neue Hit in Madame Tussaud's Wachsfigurenkabinett heißt »Spirit of London's dark side«, die dunkle Seele Londons. Die englische Vorliebe für das »uncanny«, das Unheimliche, erfüllt sich im London Dungeon, das schon die Kinder beim Schulausflug fasziniert. In diesem tiefen, mittelalterlichen Kerker werden Gefangene wieder und wieder zerhackt, im Kessel über dem Feuer zu Tode gekocht oder einfach geköpft. Reiseveranstalter führen ihre Kunden ins Jagdgebiet des faszinierend-grauenhaften Massenmörders Jack the Ripper. Auch das Museum des Meisterdetektivs Sherlock Holmes ist immer gut besucht. Diese ungebremste Gruselleidenschaft hat auch den berühmten makabren Humor der Londoner hervorgebracht.

Londons schwarzer Humor wird in den Pubs ausgebrütet und in den Clubs gepflegt. Die Veteranen in der Kneipe gegenüber dem Imperial War Museum wissen aus eigener Erfahrung, daß nichts so vergänglich ist wie der Sieg von gestern. Sie nehmen die kolossale Schrumpfung ihres einstigen Weltreiches mit Bedauern hin, aber auch mit Selbstironie.

Die Traditionshüter in den Clubs sind schon härter gesotten. Ihr Stolz ist meist größer als die Realität es gestattet. Da ihnen dieser Zwiespalt aber bewußt ist, lassen sie sich nicht so schnell durch die Ereignisse erschüttern, reagieren auf neue Niederlagen am liebsten mit Galgenhumor.

London ist eine Hauptstadt des Theaters und der Shows, des Pops und des Rocks, der Denkmäler und Paläste. Aber London ist auch eine Stadt wie keine andere, weil sie auf den Säulen der Pubs und Clubs ruht.

Das Wachsfigurenkabinett (oben) ist die Londoner Touristenattraktion. Hier kann jeder sie erleben, die Idole von heute und gestern – fast lebendig, aber unbeweglich. In dieser Hinsicht ähneln die Wachen der königlichen Garde (unten) auf beeindruckende Weise den Figuren der Madame Tussaud. Lebendiger geht es da schon auf den Straßen und in den Pubs zu (unten links).

AMSTERDAM

ENTWURF EINER NEUEN GESELLSCHAFT

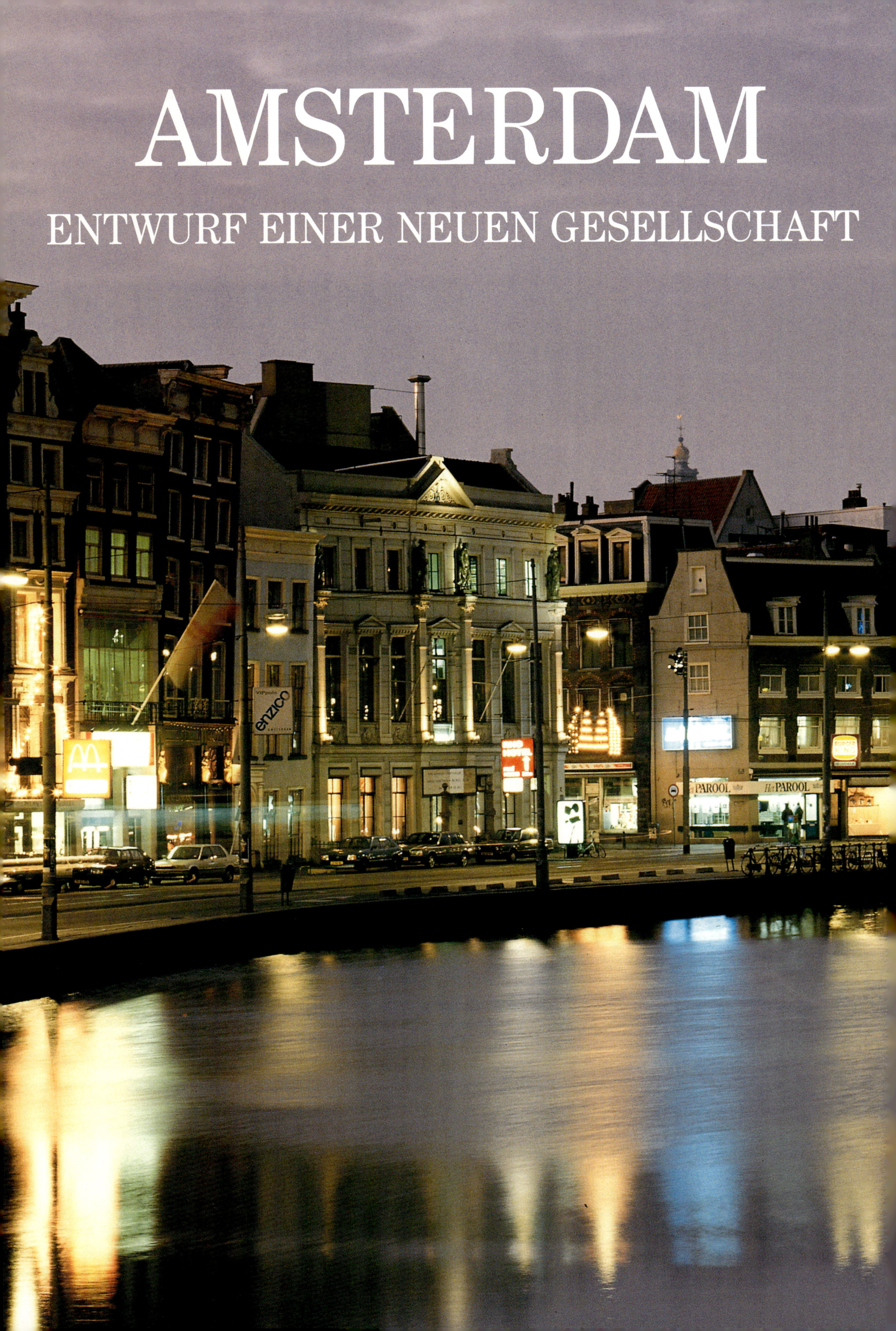

REDERIJ P.KOOIJ

Die traditionelle Hauptstadt der Niederlande, Amsterdam, wird geprägt durch zahllose Grachten und romantische Plätze inmitten der eigenständigen Architektur der Bürger- und Handelshäuser (Seite 65: Prinsengracht Ecke Brouwersgracht). Besonders malerisch – für die Stadt aber eher eine Plage – ist die Flotte der über 5000 Wohnboote, die inzwischen in den großen Grachten der Stadt, wie in der Keizersgracht (unten), vor Anker gegangen sind.

Als ich Mijnheer Reuben Simmons kennenlernte, war er 73 Jahre alt und gerade in Pension gegangen. Als Schiffskapitän war er nur gelegentlich zu Hause gewesen in Captain's Quarter auf der Insel Saba. Schroffe Felsen und eine wilde Brandung ließen die Vulkaninsel in kolonialer Zeit lange als unbewohnbar erscheinen. Holländische Piraten aber hatten entdeckt, daß sich der tote Vulkankrater als idealer Schlupfwinkel eignete. In der zweiten Generation wurden die Piraten allmählich bürgerlich, ihr natürliches Arbeitselement blieb aber die See. Über 100 Kapitäne befuhren die Meere für die Reeder in Amsterdam. Mijnheer Reuben Simmons hielt es nur kurze Zeit aus in seinem bunten Häuschen im Krater von Saba. Da war ihm die Welt zu eng, und da er die Weltmeere nicht mehr befahren konnte, ging er nach Amsterdam, in »eine Stadt so weit wie die Welt«, wie er mir vorschwärmte.

Die Weite Amsterdams kann man nicht geographisch fassen. Lange hat die Singelgracht die Stadt umzingelt und ihr Wachstum begrenzt. Ein Damm zwischen der Amstel und der Zuider See hat Amsterdam überhaupt erst möglich gemacht. Die größten Dammbauer der Welt haben die Zuider See gebändigt und daraus das Ijsselmeer geschaffen, ein Binnenmeer. Heute allerdings haben die 16 Schleusen zwischen Stadt und Meer eine andere Funktion: Bei Nacht fluten sie den Dreck aus den Grachten. Diese Wasserspülung beschert den Amsterdamern eine saubere Stadt. Wenn nachts die Laternen über den Kanälen erglühen, drängt sich der Eindruck von Venedig auf – ein kleiner Unterschied: Es stinkt nicht so.

Meinung nach geht nachts die größte Gefahr von den Radfahrern aus, die ohne Licht und Klingel, aber dafür unbeirrt drauf los fahren. Meine entsprechende Klage nach einem Beinahe-Zusammenstoß wurde als »typisch deutsch« abgetan. Wenn die Leute von Amsterdam überhaupt ein Vorurteil haben, dann gegen manches Deutsche. Durch einen Besuch an der Prinsengracht 263 erfährt man zum Teil warum. Im Hinterhaus dieses dreistöckigen Bürogebäudes hatte sich die jüdische Familie Frank vor dem Zugriff der Nazis versteckt, bis sie nach 25 Monaten von einem Kollaborateur verraten wurde. Die kleine Tochter Anne Frank hat über diese 25 Monate Tagebuch geführt – Notizen aus Kinderhand, die jeden Leser erschüttern. Und besonders die älteren Leute von Amsterdam sind sehr empfindlich, wenn deutsche Besucher ihre Stadt pervers finden.

Das große Herz Amsterdams hat die jungen Leute aus Europa angezogen, als dieses Europa noch etwas kleinlicher war. Ein paar Graffiti auf der Leidseplein in der Singelgracht zeugen noch heute von ihren ausgelassenen Festen. Das nahe Jugendstilhotel »American« nimmt jetzt nur noch gut zahlende Gäste auf. Um den Platz an der Shouwburg scharen sich ein paar lärmige, aber nicht sehr typische Kneipen. Was aber ist typisch? Ich meine, daß Amsterdam als eine der ganz wenigen Metropolen Europas nicht nur Persönlichkeit, sondern auch Eigenart bewahrt hat.

Zwischen der alten, traditionellen Zugbrücke, die die Holländer liebevoll Magere Brug (unten) nennen, und dem mittelalterlich anmutenden Damrak im Zentrum der Stadt (Seite 69 oben) will sich jenes gigantische Bauwerk des neuen Kulturzentrums, das Musiktheater (oben), nur schwer einfügen.
Zu den touristischen Attraktionen Amsterdams zählen sowohl die zahlreichen Blumenmärkte, die jeden Besucher durch ihre Vielfalt faszinieren (Seite 69 unten links), als auch das imposante Reichsmuseum mit seinen über 4000 bedeutenden Gemälden (Seite 69 unten rechts).

Da hilft es – übrigens wie in Venedig – daß das Kanalnetz kaum eine Veränderung des Stadtbildes zuläßt. Da wird schon mal ein spätmittelalterliches Giebelhaus entkernt, wie zum Beispiel an der Prinsengracht für das Ensemble des Hotels »Pulitzer«, doch die Fassade bleibt unversehrt. Da wird eine Reihe von prächtigen Bürgerhäusern aus dem 17. Jahrhundert an der Herengracht in Büros verwandelt. Aber der Bürgermeister, der an der Herengracht 502 residiert, paßt auf, daß noch genügend Wohn- und Lebensraum bleiben. Natürlich gibt es auch in Amsterdam Bausünden, wie etwa das erst 1985 entstandene Musiktheater mit angeschlossenem Rathaus an der Amstel, aber bei der Vorbeifahrt im Ausflugsboot kann man ja in die andere Richtung schauen, wo die berühmte Magere Brücke an alte Zeiten erinnert. Frauke Martijn, die Reiseleiterin im Ausflugsboot, schildert den Streit um den Abriß der Brücke im Jahr 1929 und den Entschluß, sie doch im alten Stil wieder herzurichten.

Der Streit als Lebensform ist dabei so alt wie der niederländische Unabhängigkeitskampf, der 1578 der Stadt die Freiheit brachte. Innerhalb kurzer Zeit wurde Amsterdam dann zum ersten Handelsplatz Europas. 1622 soll die Einwohnerzahl schon auf über 100 000 gestiegen sein. Gewerbefleiß und Unternehmergeist machten die Stadt reich, und die Reeder, Bankiers oder Kaufleute wollten ihren Reichtum auch zur Schau stellen. Eine holländische Malschule entstand. 1642 ließ sich Kapitän Frans Banning Cocq mit seiner Schützenkompanie abbilden. Jeder Schütze mußte 100 Gulden dazugeben, denn der Maler war damals schon berühmt. Rembrandt tauchte die Szene ins Halbdunkel, und so ging sie als »Nachtwache« in die Kunstgeschichte ein. Das goldene Jahrhundert Amsterdams ist in vielen Museen abgebildet, vor allem aber im Reichsmuseum, an dem mich nur der Name stört. Überhaupt bilden die Amsterdamer Museen ein wunderschönes Ensemble. In unmittelbarer Nähe zum Reichsmuseum finden sich das Stedelijkmuseum für Moderne Kunst sowie das Vincent-van-Gogh-Museum.

VARIG

Auf dem Dam (unten rechts), dem weitläufigen Platz im Zentrum der Stadt, wurde im Mittelalter der Wochenmarkt abgehalten. Noch heute wird er als das »Herz der Niederlande« bezeichnet. Seinen Mittelpunkt bildet das Nationalmonument, das an die Befreiung von der deutschen Besatzung im Zweiten Weltkrieg erinnert.
An die holländische Seefahrertradition erinnert dagegen der sogenannte Schreiersturm an der Prins-Hendrik-Kade (Seite 71 oben).

Wer aber Amsterdam im Freien sehen will, der muß nur an den Grachten spazieren gehen, denn die Holländer setzen sich gerne ins Schaufenster. Ob nun ein Lokal, ein Wohnzimmer, eine Werkstatt – die Insassen halten nicht viel von Vorhängen. Der Tourist kommt sich vor wie im Freilichttheater. Auch im »Red Light District«, dem Rotlichtviertel um die Oude Kerk stellen sich die leichten Damen freizügig aus. Man findet sie in allen Farben des ehemaligen Kolonialreiches.

Überhaupt ist Amsterdam erfrischend bunt. Ich meine nicht nur das Gelb und Braun der Gesichter aus Java, Sumatra und Bali oder aus dem Land, in dem der Pfeffer wächst, sondern auch die Blumenvielfalt, die vor 400 Jahren mit der Tulpe aus der Türkei unverwechselbar wurde. Leider spiegelt sich diese Vielfalt nicht in der holländischen Speisekarte wider. Auch in Sachen Geschmack müssen die Importe einspringen. Wunderbare Reistafeln, Nasi Gorengs oder Bami Gorengs gibt's zum Beispiel in »Lonny's Specialiteiten Restaurant« an der Rozengracht oder bei »Speziaal« in der Lelie DW Straat. Wenn Sie sich auf der Suche nach einem Laden, einer Kneipe oder einer Kirche einmal verlaufen, gibt der

Amsterdamer gerne und vor allem präzise Auskunft. Er kann dies auch in mehreren Sprachen, wenn nötig. Einer der vielen Buchhändler auf der Einkaufsstraße Spui erklärte mir das so: »Sprachkenntnisse sind bei uns ein Teil der Kulturgeschichte.« Damit meinte er nicht allein den übermächtigen deutschen Nachbarn, sondern auch das koloniale Wettrennen mit den Engländern um Amerika, mit den Franzosen und Portugiesen um Asien und auch mit den Spaniern um ein paar Inseln in der Karibik.

In den Grachten von Willemstad auf Curaçao findet sich Amsterdam im Kleinen wieder. In die wasserlose Wüste der Insel Aruba haben die Niederländer mit derselben Energie, die in Amsterdam die Dämme schuf, Wohlstand und Fahrradwege gebaut, und das Captain's Quarter auf Saba ist ein architektonisches Schmuckstück.

Mijnheer Reuben Simmons habe ich noch einmal am Schreiersturm in Amsterdam gesehen. Hier sollen angeblich die Frauen den Seeleuten nachgeweint haben, die einmal in die Welt zogen, um ihre Weite nach Amsterdam zu bringen.

BRÜSSEL

EUROPA AUF DER WAAGE

LA BROUETTE
BELLE VUE
STELLA ARTOIS
Leffe

Zwangsläufig zieht es jeden Besucher Brüssels erstmal zur Grand' Place, einem der schönsten Plätze der Welt (ganz oben und Seite 75). Ein anderes »Muß« Brüssels ist der bronzene Knabe, der den rebellischen Geist der Brüsseler verkörpert: Manneken Pis.

Es ist Mittwoch, es muß also Brüssel sein. – Dieser Stoßseufzer aus dem Reiseleiterlatein soll sagen, daß viele Touristen aus Übersee nur am Datum erkennen, in welcher Stadt sie sich gerade aufhalten, und daß Brüssel eine besonders unscheinbare Rolle in ihrem europäischen Reiseplan spielt. Sie sind gerade aus London gekommen und freuen sich schon auf Paris. Zwischenstation ist Brüssel – nicht mehr als ein »stay overnight« auf der Mitte des Weges, am Mittwoch eben. Tatsächlich habe ich »meinen« Touristen die belgische Hauptstadt immer erst schmackhaft machen müssen. Essen wie in Frankreich, aber mit deutschen Portionen, Schokolade und Pralinen vom Feinsten, Brüsseler Spitzen und Manneken Pis, Heimat der Schlümpfe und des Kommissars Maigret, Hauptstadt des Bieres und der Europäischen Union, das Atomium und natürlich die Grand' Place, der großartigste Marktplatz Europas.

Eine imposante, aber kurze Liste – sie allein hält nicht zum längeren Verweilen an. Der eigentliche Reiz Brüssels versteckt sich hinter den offensichtlichen Sehenswürdigkeiten und Genüssen. Es ist schwer, sich von der Grand' Place mit ihrem spätgotischen Rathaus, den herrlichen Fassaden der ehemaligen Zunfthäuser und den einladenden stilechten Restaurants loszureißen – vor allem, weil der Ilot Sacre, das Innenstadtviertel, drastisch abfällt. Das sorglose Neben- und Durcheinander von alt und neu, von Protzbauten und Baulücken bildet einen seltsamen Kontrast zur Geschlossenheit der Grand' Place. Erst auf der Place des Martyrs stellt sich wieder Orientierung ein. Dieses neoklassische Überbleibsel aus der österreichischen Zeit hat erst 1992 den Übergang geschafft von Vernachlässigung zu Renovierung. Doch schon nach so kurzer Zeit strahlt der Platz der belgischen Märtyrer eine eigentümliche Atmosphäre aus, die mir die wahre Stimmung von Brüssel vermittelt.

BRUSSELS LACE CENTER

Eingerahmt von historischen Zunfthäusern thront an der Grand' Place das besterhaltene weltliche Bauwerk aus der Zeit der Gotik, das Brüsseler Rathaus (oben). Von der Turmspitze aus genießt man einen herrlichen Blick über die Stadt, die auch für ihre Trödelmärkte (unten rechts) und ihre Spitzen (unten) berühmt ist. Aber Brüssel ist auch bekannt als Hauptstadt Europas. Internationalität zeigen das Europäische Parlament (77 oben), die anläßlich der Weltausstellung 1935 erbauten Centenaire-Hallen (Seite 77 unten links) als die größten Ausstellungshallen Europas und natürlich das Atomium (Seite 77 unten rechts).

Wie eine Bastion schreckt auch der gigantische Justizpalast von einem Besuch in den Marolles ab. Dieses frühere Armenviertel zeigt jene Mischung von unsaniert und modisch, die auf den Geschmack und den Geldbeutel der Jugend zugeschnitten ist und damit ein besonderes Flair entwickelt. In den Cafés von Les Marolles, die an sich Kneipen sind, und in den Trödelläden, die sich als Antiquariate ausgeben, spiegelt sich der Zeitgeist des Jugendstils. Ein täglicher Flohmarkt in der Jeu de Balle trägt zum Lokalkolorit bei.

Welcher Besucher kommt schon auf die Idee, die Metro zu nehmen in einer Stadt mit einem so kleinen historischen Zentrum, daß man es schrittweise erkunden kann. Dabei ist diese ziemlich neue Untergrundbahn ein Museum der zeitgenössischen Kunst. Die »Alte Tram« an der Börsenstation, die Bronzefiguren an der Station »Comte de Flandre«, die organische Architektur an der »Alma« oder die phantastischen Ovationen für den französischen Komponisten Georges Bizet an der Station »Bizet« finden in Europa kein unterirdisches Pendant.

Im Heyselgelände vor den Toren der Stadt liegen die Vorzeigebauten der Weltausstellungen von 1935 und 1958. Die erste Ausstellung kenne ich nur vom Hörensagen. Zur anderen habe ich Reisegruppen geführt und dabei selbst das Atomium bewundert – als Symbol einer Zeit, die in technischem Fortschritt dachte. Damals schon fand ich den Blick von der Spitze dieses überdimensionalen Kristallmoleküls uninteressant, allein weil die Stadtsilhouette so weit entfernt ist. Heute sind sowohl die Fortschrittsidee als auch das Atomium selbst ein wenig verrostet. Dafür hat sich unter ihm ein Mini-Europa eingerichtet, mit gelungenen Modellen der Wahrzeichen aus siebzig Städten der Europäischen Union – vom Schiefen Turm in Pisa bis zu Sacre Cœur in Paris. Dies ist das richtige Dekor für Brüssel als Schaufenster Europas.

Im Jahr der Weltausstellung 1958 wurde Brüssel zunächst einmal provisorisch Sitz der wesentlichen europäischen Institutionen. Auch alle Eifersucht der anderen Nationen konnte dies nicht verhindern, denn Brüssel liegt am Schnittpunkt zwischen Süd und Nord. In Belgien selbst verläuft die Sprachlinie zwischen Flamen und Wallonen, also zwischen den romanischen und den germanischen Sprachen. Tief in die Geschichte des Abendlandes hinein diente das Land außerdem zahlreichen europäischen Herren. In einer Mischung von Anpassung und Auflehnung ist Brüssel aufgewachsen.

Burgunder und Habsburger, Karl V. und Ludwig XIV., Maria Theresia und Napoleon, Spanier, Franzosen, Österreicher und Deutsche haben Brüssel besetzt und befruchtet. Die Stadtmauer der Burgunder ist in Bruchstücken wieder aufgetaucht, zum Beispiel im Atrium des »SAS Royal Hotel«. Ein anderes Hotel namens »Amigo«, heute das Lieblingshotel des dienstältesten Premiers in Europa, nämlich Helmut Kohl, ist auf dem Boden des spanischen Gefängnisses entstanden. Der jährliche Ommegang erinnert an eine farbenprächtige Bittprozession unter der Herrschaft Karls V., und aus dem französischen Kanonenhagel unter dem Befehl Ludwigs XIV. ist die Grand' Place nur noch prachtvoller wiedererstanden. Die Zünfte und das Großbürgertum in Brüssel erlebten unter den Habsburgern einen neuen Aufschwung, und Belgier beteiligten sich auch schon am Waterloo Napoleons, nahe der Stadt.

Eine unabhängige Nation aber ist das Land erst seit 1830. Ein Theater hat dabei eine große Rolle gespielt. Im Theatre de la Monnaie gab es eine Oper von Daniel Auber, die vom Aufstand gegen Spanien handelte. Die meist jungen Besucher nahmen dies als Signal für den Kampf bis zur Freiheit. Bis heute ist dieses Theater ein Zentrum belgischer Geschäftigkeit und belgischen Bewußtseins. An der Fassade steht auch der flämische Name: Koninklijke Muntschouwburg. Die Grand' Place heißt auch Grote Markt. Brüssel ist, muß zweisprachig sein. Neben der flämischen, der wallonischen und einer aus beiden gemischten Sprachregion in Brüssel gibt es in Belgien auch eine deutsche Enklave um Eupen.

In der Nähe von Brüssels Fernsehturm führt Kopfsteinpflaster in blutgetränkten Boden. Hier starben belgische Widerstandskämpfer unter deutschen Gewehrsalven. Berühmt geworden ist das letzte Wort einer

Widerstandskämpferin: »Vaterlandsliebe ist nicht genug, ich darf keinen Haß im Herzen tragen.« Es gehört zu den großen Charakterzügen der Bürger von Brüssel, daß sie nicht besonders nachtragend sind. Der Ausländeranteil der Stadt liegt mit 25 Prozent höher als in jeder anderen Metropole. Das liegt nicht nur an den Spaniern, Franzosen und Deutschen, sondern auch an der eigenen kolonialen Geschichte. Im Kongo haben sich die Belgier bereichert und nach dem Ende der Kolonialzeit die Kongolesen aufgenommen.

Mit der Erweiterung der Europäischen Union vergrößert sich noch einmal das Kontingent der Ausländer. Für zwei neue Schlagworte hält Brüssel her: die Eurokratie und die Bruxellisation. Das eine meint den Wasserkopf von Beamten auf dem europäischen Leib, das andere die architektonische Zerstörung Brüssels eben durch die Eurokratie. Für die Glas- und Stahlstruktur des Berlaymont mußte ein Kloster weichen. Heute aber steht das Berlaymont leer: Asbestverseuchung. Doch die Stadtväter haben sich gegen einen Abriß entschieden, um der Geschichte willen. Alle möglichen fertigen und unfertigen Neubauten beherbergen Zehntausende von Beamten, nicht aber all ihre Familien. Am Wochenende fahren viele Eurokraten nach Hause, wo immer das ist. So tragen sie kaum zur Bereicherung, sondern eher zur Verwaisung des »europäischen Viertels« bei.

Dafür aber sind andere Viertel umso belebter. Die Cafés in der Avenue Louise haben bis spät in die Nacht geöffnet und sind immer gut besucht. Im Heysel-Park liegt mit 24 Sälen die größte Kinostadt der Welt. Die St.-Hubertus-Galerien sind die Vorläufer aller überdachten Verkaufsgalerien der Welt.

Brüssel hat seinen eigenen Charme. Das Flair dieser Stadt spürt man an vielen Orten, auf dem Platz vor der Zavelkirche, einem der kostbarsten Beispiele hochgotischen Kirchenbaus in ganz Belgien (Seite 78 oben), in den Straßen der Innenstadt, in denen sich ausgesuchte Restaurants und gemütliche Cafés an einer langen Kette aneinanderreihen, und nicht zuletzt in den St.-Hubertus-Galerien, die 1846 als eine der ersten überdachten Ladenstraßen Europas erbaut wurden (unten).

In enger Anlehnung an französische Vorbilder errichtete Leopold II. gegen Ende des 19. Jahrhunderts in einem groß angelegten Park das Königliche Schloß (oben), das heute zeitweise für Besucher geöffnet ist. Derselbe Bauherr schuf auch den weithin sichtbaren Triumphbogen Cinquantenaire (unten) anläßlich des 50jährigen Jubiläums der Unabhängigkeit Belgiens.

Das königliche Brüssel um den Laeken-Palast ist auch das Viertel der Reichen und Möchtegern-Reichen. Die weiträumige Anlage des Palastes wurde gerade rechtzeitig für das Geschlecht der Sachsen-Coburg-Gotha fertiggebaut. Diese Erbmonarchie ist für Belgien deshalb so wichtig, weil sie dem Staat über die so häufig wechselnden Regierungen hinweg Kontinuität verleiht. Der König thront über einem Völkchen, wie es bunter und lebenslustiger nicht sein kann. Jeder Besucher kann sich davon im Gassengewirr rund um die Grand' Place überzeugen. Köche wie Pierre Wynants, Architekten wie Victor Horta und Musiker wie Aldolph Sax, der mit seinem Namen für das Saxophon Pate stand, sind in Brüssel Legenden. Fürst Metternich, Victor Hugo, Marx und Engels suchten und fanden hier Asyl. Brüssel ist eine gastfreundliche Stadt geblieben, obwohl die Aufnahmefähigkeit schon lange erschöpft ist. Belgien ist kein Einwanderungsland und nimmt doch immer wieder neue Zuwanderer auf. Sie alle zu integrieren oder sogar zu regieren, ist eine Spezialität Brüssels. Die Stadt zwischen Süden und Norden ist zur Diplomatie geboren, lebt mit Koalitionen und Kompromissen und entsprechend schwachen Regierungen. Diese Diplomatie benötigt aber wie keine andere einen sprachenverbindenden Kitt, und das ist das große Korps der Dolmetscher. Ohne sie wäre Brüssel ein neues Babylon. Denn »jeder Politiker muß das Recht haben, sich in seiner Sprache zu äußern, und auch das Recht, verstanden zu werden«, sagte mir ein langjähriger Korrespondent in Brüssel. Von dieser Vielsprachigkeit profitiert auch der Tourist, und er muß nicht erst auf seinen Reiseplan schauen, um zu wissen, daß er sich gerade in der Hauptstadt Europas aufhält. Brüssel ist mehr als eine Wegstation zwischen London und Paris. Und ein Tag in der Mitte der Woche reicht für einen Besuch längst nicht mehr aus.

Auch wenn das Gesicht Brüssels als das einer europäischen Hauptstadt sich durch modernen Städte- und Straßenbau von Jahr zu Jahr wandelt, werden die Attraktionen dieser Stadt mit ihrem internationalen Flair eben doch die Sehenswürdigkeiten vergangener Jahrhunderte bleiben, die alten Zunfthäuser, die engen Gassen, die einladenden kleinen Lokale.

PARIS

DIE STADT OHNE ENDE

An fast jeder Ecke begegnet man ihnen, den kleinen Lokalen, den Bars, den Brasseries oder Cafés, die der Franzose allesamt als Bistro bezeichnet. Sie sind ein Teil des Pariser »savoir vivre«. Ohne sie wäre Paris nicht Paris. Undenkbar in der französischen Hauptstadt zu sein, ohne wenigstens einmal in einem Bistro auf den Champs-Elysées die Atmosphäre zu genießen.

Der Chauffeur hatte den Wagen über den Atlantik begleitet und vom Hafen Le Havre nach Paris gebracht. Von nun an war der Amischlitten Marke Buick meine Sache. Der Besitzer, ein amerikanischer Großkaufmann, wollte in der französischen Metropole nicht auf seinen gewohnten Autokomfort verzichten, aber über einen landeskundigen Fahrer verfügen … einen Europäer also, und der war ich.

Der Buick kam einige Tage vor dem Besitzer an. Ich konnte mich also erstmal einfahren. Elektrische Fensterheber, Lenkhilfe, automatische Kupplung – im Juli 1954 war dieser Buick für einen Europäer ein wahres Traumauto. Ich fuhr ihn über die Champs-Elysées, den Boulevard St.-Michel, auf den Montmartre und nach Versailles. Ich fuhr ihn auch zu Bruch. Aber vorher sollte ich erfahren, was amerikanische Großkaufleute an Paris lieben. Es waren der pompöse Bau der Börse, die Opera und dahinter »Harry's Bar«, ein Ableger der gleichnamigen Bar in Venedig. Es waren Dior und die Haute Couture, dafür sorgte seine Frau. Es war die »Herald Tribune«, schon damals *die* Zeitung in Paris, und es waren die Wege, die einst Ernest Hemingway, der große Schriftsteller aus den USA, in Paris beschritt.

»Paris hat nie ein Ende«, schrieb Hemingway, »und jeder Künstler, der hier leben durfte, hat den Einfluß der Stadt gefühlt.« Für mich ist es Hemingways Roman »Paris – Ein Fest fürs Leben«, der die Stimmung dieser Metropole bis heute am besten beschreibt: Der Geruch des frischen Brotes am Morgen, das kühle Glas Wein am Mittag, der Kaffee auf einem der Boulevards, der Aperitif am Abend – die Getränke stimulieren, sie stumpfen nicht zur Trunkenheit ab.

Hemingways Wege durch Paris haben Restaurants wie die Brasserie »Lipp«, das »Café de Flore« und das »Deux Magots« auf der linken Seine-Seite zu Pilgerstätten der Literaturtouristen erhoben. Die Wohnungen seiner Freunde Gertrude Stein, Pablo Picasso oder E. F. Cummings hinter dem Quai de Grands Augustins sind heute Gedenkstätten. Sein Lieblingsbuchladen »Shakespeare und Company« lockt die Fans bis heute.

Bevor er mich ausbezahlte und ein französisches Auto nebst Chauffeur nahm, hat mich der amerikanische Großkaufmann also eine amerikanische Annäherung an Paris gelehrt. Die Stadt versteht sich nicht von selbst, eine bestimmte Annäherung erleichtert das Erlebnis Paris.

Das repräsentativste Bauwerk der Belle Epoque, die verschwenderisch ausgestattete Oper (oben und unten links), oder die ursprünglich als Kirche geplante nationale Grabesstätte, der Ruhmestempel Panthéon (oben), bezeugen die glorreiche Vergangenheit der französischen Metropole.

Wer das Studenten- und Künstlerleben sucht, den verschlägt es automatisch auf die linke Seite der Seine, in das Quartier Latin und auf den Montparnasse, nach St.-Germain-des-Prés und zum Panthéon, in den Jardin du Luxembourg und zu den Bouquinistes, den Buchhändlern entlang des Seine-Ufers.

Wer es vor allem elegant haben will, der flaniert über den Boulevard Haussmann, verkehrt im Hotel »Plaza-Atheneé«, besucht die Modeschauen von Karl Lagerfeld, hält sich im großbürgerlichen Viertel zwischen Arc de Triomphe und Palais de Chaillot auf – all dies am rechten Seine-Ufer.

Wer der Liebe wegen nach Paris fährt, sei es der mitgebrachten, sei es der angebotenen Liebe wegen, den zieht es an die Place Pigalle mit ihren zahlreichen rotlichtgesäumten Bars und Cabarets. Das mildere Angebot gibt es immer noch im »Lido« auf den Champs-Elysées, die etwas schärfere Gangart galoppiert an immer wechselnden Schattenplätzen, zum Beispiel käuflich am Bois de Boulogne … vorübergehend jedenfalls. Nicht mehr ganz so originell sind hingegen die Ganoven- und Apachentänze an der Place de la Bastille.

Die Seine teilt die Stadt in zwei ungleiche Teile. An der Rive Droîte liegen die eleganteren, pompöseren Viertel mit ihren auch rotlichtigen Attraktionen, zu denen das bereits um die Jahrhundertwende berühmte Tanzlokal »Moulin Rouge« zählt (unten). An der Rive Gauche liegen die einst von Studenten, Künstlern und Intellektuellen geprägten Viertel, unter anderen Montparnasse (Seite 87 unten). Stolz erhebt sich in der Mitte der Ile de la Cité der gewaltige Bau der Kathedrale Notre-Dame (Seite 87 oben).

BONSAI
CABARET
CLUB
SEXY
Magic
LOVE SHOW

»Man kann keine große Politik machen ohne eine große Architektur.« Diese Einstellung scheint allen politischen Häuptern Frankreichs eigen zu sein und zieht sich durch viele Jahrhunderte. Napoleon erbaute den Triumphbogen zur ewigen Erinnerung an seine Siege (oben). Staatspräsident Pompidou schuf sein umstrittenes Renommierobjekt aus Glas und Stahl, das Centre Pompidou (rechts). Auf Mitterrand geht das Büro-, Bank- und Wohnviertel La Défense zurück (unten), das Frankreichs Aufbruch in das 21. Jahrhundert versinnbildlicht. Doch trotz allem bleibt der Eiffelturm (unten rechts), jenes 300 Meter hohe Gerüst aus 15 000 Elementen und 7000 Tonnen Stahl das wirkliche Wahrzeichen von Paris.

Ursprünglich Festung, dann Gefängnis, lange Zeit Palast der französischen Könige und zwischendurch Verwaltungssitz ist der Louvre nun Inbegriff für das reichste und größte Museum der Welt, zu dessen berühmtesten Ausstellungsstücken auch die Venus von Milo zählt (unten). Sein zentraler Eingang, die Glaspyramide, zeigt den ungezwungenen Umgang der Pariser mit Kunst und Kultur, mit mittelalterlicher Architektur und Moderne.

Eine Mischung aus Chaos, Planung und Phantasie treibt Paris in immer neue städtebauliche Wunder. Der Louvre ist sicher das größte, vielleicht auch das großartigste Kunstmuseum der Welt: von der Mona Lisa bis zur Venus von Milo. Aber erst der moderne Architekt I. M. Pei hat mit seiner Glaspyramide das Portal zu dieser gigantischen Kunstwerksammlung geschaffen. Präsident Pompidou ist ein Ausstellungszentrum gewidmet, das architektonisch seinesgleichen sucht. Präsident Mitterrand setzte sich mit seiner Grande Arche einen gigantischen Triumphbogen im Geschäftsviertel La Défense. Jenseits der Bastille hat das American Center eröffnet, ein Bau von Frank Gehry, der die Architektenwelt begeistert. Das neue Arabische Zentrum von Jean Nouvel scheint in seinem Design ein Brückenschlag in die ehemalige koloniale Welt Frankreichs zu sein.

Mir hat der Arc de Triomphe nie sehr imponiert, auch wenn er im Sternzentrum eines Spiralnebels von Straßen steht. Vielleicht hat es damit zu tun, daß sich auf diesem Triumphbogen nur die Siege und nicht eine der Niederlagen Frankreichs abzeichnen. Dafür aber bewundere ich immer wieder den Eiffelturm, der vor über 100 Jahren schon den Himmel über Paris erstürmte, 1910 als vorübergehende Konstruktion abgerissen werden sollte, aber noch immer über die Mittelmaße moderner Technik hinausragt – Gustave Eiffel sei dank.

Mit der Grande Arche, dem modernen Triumphbogen, einem monumentalen Marmortor hat sich Staatspräsident Mitterrand für immer ein Denkmal gesetzt. Weniger pompös, dafür aber beschaulicher sind die zahlreichen Parks und Gärten (unten rechts), die auch in der jüngsten Zeit in der Stadtmitte angelegt wurden. Inseln der Ruhe bieten ebenfalls die für ihre herrlichen Gräber bekannten alten und romantischen Friedhöfe der Stadt, wie der Friedhof Père-Lachaise (unten).

Paris hat die Stadterneuerung zu einer Kunstform gemacht. Das großartige Ensemble von Bauten aus dem 17. Jahrhundert auf der Place Vendôme erstrahlt in neuem Lichterglanz. Die Champs-Elysées haben zwei neue Baumreihen erhalten, die Autos mußten dafür in den Garagenuntergrund, und der Raum zwischen Bastille und Gare de Lyon atmet mit neuen Gärten und Parks wieder auf.

Der Ehrlichkeit halber muß es aber gesagt werden: Centre Pompidou, Eiffelturm und Louvre haben 1994 nicht einmal zusammengenommen so viele Besucher gezählt wie die östlich von Paris liegende Euro Disney World. Dieser amerikanische Kulturschauplatz jagt vielen Franzosen das Grauen ein, und sie hoffen inbrünstig darauf, daß Euro Disney sich möglichst bald finanziell das Genick bricht.

Meine jüngste Annäherung an Paris war monarchisch. Bei einem Aufenthalt auf den Seychellen, einer früheren französischen Kolonie, wohnte ich in einem Hotel mit dem Namen »Ludwig XVII.«. Wie aber war der dorthin gekommen?

1793 – vier Jahre nach der Französischen Revolution – starben König Ludwig XVI. und seine Frau, die Habsburgerin Marie Antoinette, auf dem Place de la Concorde unter dem Fallbeil der Guillotine. Ihre Tochter, Madame Royale, entkam nach Wien. Ihr Sohn, der Dauphin, soll im Alter von zehn Jahren im Gefängnis Le Temple zu Tode gefoltert worden sein. Bei einer späteren Öffnung des Grabes fand man aber das Skelett eines Sechzehnjährigen. Seitdem haben Hunderte von Wissenschaftlern und Amateurhistorikern unterschiedliche Theorien über den Verbleib des Thronfolgers aufgestellt. Eine Legende von den Seychellen besagt, daß der kleine ungekrönte König seinen Folterern in einem Wäschekorb versteckt entkommen ist und auf abenteuerlichen Wegen in den fernen Inselarchipel fand.

Seine Ansprüche auf die französische Krone sind ungehört verhallt. Nach Ludwig dem XVI. und den Zwischenspielern Robespierre und Napoleon setzte Ludwig XVIII. die Monarchie fort.

Diese Zwischenspieler allerdings haben die Welt bewegt. Robespierre mit seiner blutgetränkten Republik, Napoleon mit seinem nicht weniger blutigem Imperium. Königreich, Imperium und Republik haben sich in Frankreich noch ein paar Mal abgewechselt und entsprechenden Niederschlag in der Architektur gefunden. Doch eines hatten alle drei Regierungsformen gemeinsam: Sie ließen keine andere Stadt neben Paris aufkommen. Madrid zum Beispiel hat mit Barcelona eine echte Konkurrenz um den Rang der Metropole, Mailand sitzt Rom dicht auf den Fersen, Hamburg und München müssen sich erst langsam an Berlin gewöhnen, Paris aber verweist den Rest des Landes in die Provinz. Vielleicht ist auch dies ein Grund, warum die Stadt an der Seine alle anderen Metropolen in Europa um Haupteslänge überragt.

Einst ein Platz zu Ehren Ludwig XV. wurde er nach der Revolution in Place de la Revolution umbenannt. Über 1000 Menschen wurden hier durch die Guillotine geköpft. Erst als man diese Hinrichtungen aus dem Gedächtnis bannen wollte, erhielt der Platz seinen dritten Namen: Place de la Concorde (unten). Von der Revolution unberührt blieb dagegen die Sainte-Chapelle, ein vollendetes Beispiel Pariser Hochgotik und der kostbare Schrein eines königlichen Reliquienschatzes (oben).

Paris ist die Stadt der Mode. Hier bekommt man alles, was gefällt, dort wo es gefällt. Das Kaufhaus Lafayette (unten) ist schon allein wegen seiner mehrstöckigen Jugendstilgalerien einen Besuch wert. Die im Zuckerbäckerstil errichtete Kirche Sacre Cœur (Seite 93 oben) liegt auf dem Pariser Hausberg Montmartre, an dessen Hängen die berühmte Künstlerkolonie aus Schriftstellern, Dichtern und vor allem Malern entstand. Noch heute kann man hier so manchen lohnenden Bummel machen (Seite 93 unten).

Die magnetische Anziehungskraft dieser europäischen Metropole geht aber nicht nur von ihrer Architektur aus, von ihrer royalen Tradition und von ihrer politischen Geschichte, sondern vielmehr von ihrer Lebensart. Das »savoir vivre« ist es, das die allermeisten Besucher anzieht, und ich bin da keine Ausnahme. Um dieser französischen Lebenskunst nachzuspüren, muß man sich gezielt treiben lassen – auch mit dem Risiko des gelegentlichen Reinfalls. Das berühmte »Café de la Paix« an der Oper ist eine finanzielle Falle, aber schon die angrenzenden Cafés tun es billiger und sind auch stärker mit Franzosen durchmischt. Sacre Cœur könnte mit ihrem kitschigen Hochzeitskuchen-Flair anstatt auf dem Montmartre auch in Disney World stehen, doch die Restaurants und Künstlerstände unterhalb der Kirche lohnen einen Bummel allemal. Die neue Kaufmeile am alten Bahnhof von Reuilly beherbergt Kunsthandwerker, Blumenbeete und die brandneue Brasserie »Le Père Tranquille«. Neben den Kaufhäusern Lafayette und Printemps auf der Rue Scribe strahlt das Luxushotel »Scribe« in neuem Glanz.

VISITE DE MONTMARTRE
MOULIN ROUGE SACRE COEUR PLACE DU TERTRE MUSEE LES VIGNES
1887
PARIS

»Paris ist keine Stadt, sondern eine Welt «, so lautet der treffende Ausspruch Karls V. Kaum ein Pariser Stadtteil ähnelt dem anderen, überall eröffnen sich neue Perspektiven: hier die Gassen und Treppen Montmartres (oben), dort die traditionellen Flohmärkte (unten), die herrlichen Seine-Brücken, wie Pont Alexandre (Seite 95 unten), oder das neue monströse Einkaufszentrum Forum des Halles (rechts). Die großartige Architektur von Paris umschließt Jahrhunderte.

Als Student habe ich einst im Hotel »Faculté« – nahe der Universität – gewohnt. Es stank nach den Hunden der Besitzerin, und die Bettwäsche war meist klamm. Aber es kostete nur 15 Mark und lag mitten im Künstlergeschehen. Das »Faculté« gibt es heute nicht mehr, aber ein ähnlich romantisches und weniger schlampiges Kleinhotel ist das Hotel »Sèvres-St.-Germain« in der Rue St. Placide.

Das altehrwürdige Nachtetablissement »Folies Bergères« hat nachgelassen und steht vor dem Ruin, dafür aber tanzen die Girls immer noch bei exorbitanten Eintrittspreisen im »Crazy Horse«. Sie heißen Pussy Duty Free, Charly Commando und Rita Cadillac, und die Kundschaft ist meist amerikanisch. Die »Dächer von Paris« heißt eine Dauerausstellung im Pavillon de l'Arsenal, die meine Stimmung hoch trieb. Dafür hat mich der Einkaufskomplex an der Stelle der alten Markthallen mit seinem nüchternen Betrieb wieder vom Pariser Himmel herunter geholt.

Das malerische Paris fand ich nicht nur an den Stadtufern der Seine, sondern auch an einem Sonntagvormittag in den verlassenen Gassen Montmartres oder bei einer beschaulichen Pause im Park Monceau.

Die interessanten Leute findet man schließlich immer noch in »Harry's Bar« oder in der neueröffneten »Hemingway Bar« im Hotel »Ritz«. Der amerikanische Poet schrieb einst: »Paris hat nie ein Ende.« ... und das ist auch gut so.

BERLIN

UNGETEILTE LIEBE

Am 3. Oktober 1990 entstand in Berlin neue Hoffnung: Glanz und Glorie, Bombennächte, Mauer und Teilung sind nur noch Geschichte. Vor dem Reichstagsgebäude versammelten sich Menschen aus Ost und West, um ihr Berlin zu feiern (oben). Doch die Narben der geteilten Stadt sind bis heute zu sehen. Auch der einst so bedeutende Potsdamer Platz liegt noch immer trostlos da (unten).

Berlin Mitte« weisen ein paar verbogene alte, aber auch schon wieder glänzend neue Straßenschilder den Weg ... einen Weg ins Leere. Denn die Mitte Berlins – einst der verkehrsreichste Platz in Europa – ist eine Wüstenei. Reste der geschleiften Mauer, Autowracks, ein »Schwarzmarkt«, ein U-Bahn-Ausgang markieren das Gelände, das einmal der Potsdamer Platz war ... und wieder sein wird. Ein Konsortium von Firmen und eine Schar von Städteplanern wollen den Platz wieder auferstehen lassen als eine Piazza mit Hotels, Gaststätten, Kinos, Kaufhäusern und Büroflächen. Schon 1998 sollen hier 7500 Menschen arbeiten und 100 000 pro Tag zu Gast sein. Am 30. Oktober 1994 wurde das Mammutprojekt vom Reißbrett des italienischen Architekten Renzo Piano mit einem Feuerwerk gefeiert. Zuvor sprach Edzard Reuter, Sohn des großen Nachkriegsbürgermeisters von Berlin-West und Repräsentant des Hauptsponsors Daimler-Benz, von Perspektiven und Visionen. Sie sollen die braunen und die roten Gespenster der Vergangenheit unter den Resten des Führerbunkers und der Mauer verjagen. Die Wunden, die Krieg und Nachkrieg der Stadt geschlagen haben, sie vernarben vielleicht am besten unter den kühnen Plänen der Architekten aus aller Welt. Siebzig weitere Großprojekte in Berlin-Mitte tun ein Übriges.

In der Nähe des Hauptbahnhofes entsteht der »Gläserne Brückenkopf« des deutschstämmigen Stararchitekten Helmut Jahn aus der Wolkenkratzerstadt Chicago. An der Landsberger Allee plant der Italiener Aldo Rossi einen »Büropalazzo«, gegenüber arbeitet der Franzose Dominique Perrault an einer »Hochhausscheibe«. Norman Foster hat den Wettbewerb für den Umbau des Reichstages gewonnen, und Hans Kollhoff ist mit den Blaupausen für elf Wolkenkratzer direkt hinter dem Alexanderplatz und seinem Telenagel – wie die Berliner den Fernsehturm nennen – beauftragt.

Hinzu kommen all die öffentlichen Bauten für die Aufnahme der politischen Klasse nach ihrem Auszug aus Bonn. Eine westdeutsche Großbank will die Ostberliner Karl-Marx-Allee mit ihren Zuckerbäckerbauten renovieren. Beim Bau dieser sozialistischen Prachtstraße ging am 17. Juni 1953 von den Maurern und Polieren der Volksaufstand aus. Die neuen Besitzer wollen nun die privilegierte Mieterschicht von einst bei der Restaurierung los werden. Zu den »ehrlichen« Maklern gesellen sich die vielen Bauspekulanten, die den Zuschuß zum Aufbau Ost absahnen und Wohnraum für den Westzuzug schaffen wollen.

Was das Europa-Center, Berlins größtes Einkaufs-, Geschäfts- und Vergnügungszentrum (oben), oder die Rummelmeile Kurfürstendamm für den Westen sind, das will der in den zwanziger oder dreißiger Jahren vor Leben übersprudelnde Alexanderplatz (unten) für den Osten werden. Noch aber fehlt dem weitläufigen und kalten »Alex« jede Atmosphäre.

Schloß Garten

Die Geschichte Berlins und die verschiedenen Epochen, die diese Stadt durchlebte, spiegeln sich in ihrer Architektur. Hoch zu Roß sitzt Friedrich der Große Unter den Linden (links). Die Attrappe des einstigen Stadtschlosses (Seite 100 oben links) fordert den Abriß des an seiner Stelle stehenden Palastes der Republik, im Volksmund »Palazzo Prozzo« (Seite 100 oben rechts). An einigen Orten scheint auch die DDR noch zu leben, wie in den Mietskasernen des Prenzlauer Berges (unten). An all dies will heute Schinkels Neue Wache erinnern – seit dem 21. November 1993 die Zentrale Gedenkstätte der Bundesrepublik Deutschland (Seite 100 unten).

Bis zum Ende dieses Jahrtausends werden also ein Wald von Kränen und ein Trichterfeld von Baustellen den Besucher in Ostberlin erwarten – nur für Architekturtouristen ein ungeteiltes Vergnügen. Aber welche Metropole in Europa kann schon mit so viel Aktivität aufwarten? Berlin ist in der Tat eine Erlebnisstadt. Der Umbruch und der Aufbruch jagen vielen Altberlinern Schrecken ein. Eine energische Bürgerbewegung setzt sich für den Wiederaufbau des Schlosses ein, das Walter Ulbricht 1950 abreißen ließ für seinen Palast der Republik. Der wiederum leidet an Asbest. So wäre schon der Raum da, um die Altberliner Identität wieder herzustellen, denn das Hohenzollernschloß mit seinen fast 600 Zimmern und seiner alles überragenden architektonischen Präsenz gab Berlin Rückgrat. Die Garnitur dazu, vor allem die Neue Wache und das Schauspielhaus des genialen Karl Friedrich Schinkel gehören zur erhaltenen Bausubstanz.

Überhaupt stellt sich die Frage, ob denn die eingefleischten Berliner, die für sie geplante »neue Stadt« auch annehmen, oder ob sie festhalten an den lieb gewordenen Provisorien der geteilten Stadt.

Der Ostberliner Bauingenieur Dieter König, der schon vor der Wende Berliner Milieu renovieren half, meldet Bedenken an. Er zeigte mir die vielen kleinen Restaurants und Theater, die sich am Prenzlauer Berg aufgetan haben. Sie sind mit geringem finanziellen Aufwand im Eigenbau entstanden und entsprechend portemonnaiefreundlich. Sie heißen »Wasserturm«, »Santiago«, »Anita Wrondski« und »Pasternak«, und sie ziehen das junge Publikum an. Es waren die jungen Leute vom Prenzlauer Berg, die in der Gethsemane Kirche den friedlichen Aufstand gegen das DDR-Regime gewagt haben und jetzt zäh am Milieu der ehemaligen DDR hängen.

Die Berliner haben schon vor der Teilung große Anhänglichkeit zu ihren Stadtbezirken gezeigt. Das Fehlen eines gemeinsamen Stadtzentrums hat die lokalen Fliehkräfte außerdem noch begünstigt. Pankow und Friedrichshain, Schöneberg und Charlottenburg, Moabit und Prenzlauer Berg wirken eigentlich wie Kleinstädte, die nur zufällig in enger Nachbarschaft stehen. Die Liebe zum Schrebergarten, dem Eckcafé und dem Tante Emma Laden ist unübersehbar.

Seit die Mauerspechte ans Werk gingen, ist Berlin wieder grenzenlos, seine wichtigsten Baudenkmäler und Kulturschätze wieder vereinigt in einer Stadt: die Museumsinsel, deren Sammlungen zu den bedeutendsten der Welt zählen (Seite 103 oben), der Gendarmenmarkt (unten) mit einem der schönsten Bauten Schinkels, dem Schauspielhaus, sowie dem Französischen Dom und dem Deutschen Dom. Diese beiden Gotteshäuser stehen wie auch der Berliner Dom (Seite 103 unten links), die Russische Kirche oder die Jüdische Synagoge (Seite 103 rechts unten und Mitte) für die Internationalität Berlins.

Mir scheint sowieso, daß Berlin in seiner schweren Zeit weniger von innen als von außen zusammengehalten wurde. Die westdeutschen Touristen strömten zu den Sehenswürdigkeiten vom Pergamonmuseum – übrigens das erste Architekturmuseum der Welt – bis ins Schloß Charlottenburg mit der Wohnung Friedrich des Großen. Die Russen stampften mit Soldatenstiefeln den Boden fest für das Ostberliner Regime. Die Amerikaner knüpften mit der Luftbrücke die Nabelschnur zu Westberlin. Ich war als Journalist dabei, als John F. Kennedy am 26. Juni 1963 vor dem Schöneberger Rathaus rief: »Ich bin ein Berliner«, und als Bill Clinton 31 Jahre später vor dem Brandenburger Tor meinte: »Berlin ist frei.« Diese Botschaft kam allerdings ein wenig spät, denn die Mauer brach am 9. November 1989. Sie brach natürlich nicht über Nacht, und sie wurde eher durchlöchert als abgetragen. Das schönste Schlupfloch fand ich nahe der Glienicker Brücke, die während des Kalten Krieges so manchen Agentenaustausch gesehen hat. Das Loch war fein säuberlich mit Hammer und Meißel ausgestanzt worden. Weil es so telegen war, ging sein Bild um die Welt. Die Mauer ist gefallen, aber nicht in den Köpfen der Verwaltung. Heute trennt die Glienicker Brücke Berlin vom natürlichen Hinterland, aber eben nur ordnungspolitisch. Gleich hinter Schloß und Park von Klein Glienicke, einem Gesamtkunstwerk von Karl Friedrich Schinkel und Gartenarchitekt Peter Josef Lenné liegt eine andere Hauptstadt, nämlich Potsdam mit dem Schloß Sanssouci. Der langjährige Ministerpräsident von Brandenburg, Manfred Stolpe, ist zu sehr Berliner um sich gegen die Vereinigung zu sträuben, aber jeder einzelne Parlamentarier fürchtet natürlich um seinen politischen Rang.

Auch weil der in DDR-Zeiten häufige Kontakt zu uns Westjournalisten Manfred Stolpe nicht geschadet hat, steht er unter Verdacht der Kooperation mit der Stasi, dem ehemaligen DDR-Staatssicherheitsdienst. Die Krakenarme der Stasi haben schon so manchem Politiker den Kopf verdreht. Am Vorabend der ersten freien Wahlen noch innerhalb der DDR im März 1990 ging ich neben dem Mitgestalter der Ostpolitik Egon Bahr über den Gendarmenmarkt. Dieser Platz mit seinen beiden Domen und dem Theaterbau Schinkels ließ Bahr ehrfürchtig flüstern: »Laßt uns leise auftreten, damit das Gespenst der Staatsmacht nicht aus dem Grab aufsteigt und die Erde wieder erschüttert.« Um im Jargon der Stasi zu bleiben: Das war ein Zitat aus meinem Gedächtnisprotokoll.

SPREE-ATHEN

»Berlin wird nie eine Weltstadt wie Paris oder London«, notierte ein Franzose im vergangenen Jahrhundert. Er sollte sich irren. Auf den Boulevards ist immer Leben, Berlin liegt zu keiner Stunde ausgestorben da, kennt keine Polizeistunde. Keine deutsche Stadt hat mehr Restaurants, Bars, Cafés oder Kneipen. Unter den rund 8000 Lokalen der Stadt findet jeder etwas für seinen Geschmack, sei es ein historisches Weinhaus (oben) oder auch die berühmte »Paris Bar«, seit Jahrzehnten der Treffpunkt für Künstler und Intellektuelle (unten).

Am 3. Oktober desselben Jahres noch war die DDR dann Geschichte. Gerhild König, die Frau des Bauingenieurs, erinnert sich: »Wir wachten am nächsten Morgen auf und waren in einem anderen Land.«

Die Mehrheit der Ostberliner wählte mit der Freiheit auch die Befreiung von ihrem System. Für sie ist das Brandenburger Tor das Symbol der Öffnung und das Denkmal darauf, die Quadriga, ein Zeichen des Sieges über die Vergangenheit. Gottfried Schadow hat das Denkmal mit der Siegesgöttin 1793 geschaffen. Seitdem mußte sie die Niederlagen gegen Napoleon und Stalin erleben. Als die Quadriga nach dem Mauerfall restauriert wurde, fiel von den neugestanzten Blättern des Lorbeerkranzes ein Blatt für mich ab. Es hat in meiner Vitrine einen Ehrenplatz.

Schatten auf die Freiheit wirft ein neuer nationaler Übermut. Rechtsradikale Rabauken machen Front gegen die braunen Gäste der ehemaligen Bruderschaft, gegen die Angolaner und die Cubaner. Eine selbstgerechte Politik stempelt uns zum einwanderungsfeindlichen Land. Die Welle der Freiheit, die von Berlin ausging, spült aus dem Osten kriminelles Strandgut zurück und schürt den Nationalismus weiter. Zu einer Metropole der Zukunft gehört aber auch die Toleranz einer Großstadt. Wenn es die Zeit erlaubt, schließe ich bei jedem Aufenthalt in unserer Hauptstadt den Vorort Köpenick mit ein. Es ist der größte Bezirk der Stadt mit dem schönsten Naherholungsgebiet. Vor allem aber zeigt Köpenick, daß Berlin nicht immer deutsche Erde war. Ein Slawenfürst namens Copnic baute hier die erste Ansiedlung. Köpenick beweist die religiöse Toleranz Friedrich des Großen. Er nahm die Hugenotten, Religionsflüchtlinge aus Frankreich, auf, und die Seidenweber richteten ihm hier eine Textilindustrie ein.

Ein Schuster namens Voigt konnte als Hauptmann verkleidet das Rathaus von Köpenick nehmen und die Stadtkasse mitgehen lassen. Er führte der Welt den albernen »preußischen Kadavergehorsam« vor. Das Schloß von Köpenick an den Wassern der Spree ist wieder hergerichtet worden. Im Schloßcafé hat die Pächterin Zeit für einen Plausch: »Wenn wir uns über den Hauptmann von Köpenick lustig machen, dann nehmen wir Berliner uns auch selbst auf den Arm. Das ist doch die Größe, die zu einer Hauptstadt gehört, oder?«

An die Vergangenheit erinnern Schloß Charlottenburg, das einstige Lustschlößchen des Großen Kurfürsten (oben) oder das Rathaus von Köpenick (unten), das für alle Zeiten mit dem Namen eines Schusters verbunden bleiben wird.
Mutig steuert dagegen Viktoria die Quadriga (oben links) einer neuen Zukunft entgegen. Nachdem sie das Auf und Ab der deutschen Geschichte miterleben mußte, kann sie vielleicht jetzt den Worten Carl Friedrich Langhans', des Schöpfers des Brandenburger Tores, einen Sinn geben: »Die Quadriga stellt den Triumph des Friedens dar.«

WIEN

MUSIK FÜR MICH

HILTON

Von den zahlreichen Konzertsälen Wiens ist das Musikvereinsgebäude (rechts) sicherlich das schönste und prunkvollste. Hier pulsiert auch die Ader der Wiener Musikwelt und von hier aus tritt alljährlich das Neujahrskonzert seinen Siegeszug um die ganze Welt an.
Die feudale Kaiserstadt Wien dagegen zeigt sich vor allem in zwei Bauwerken, in denen sich die Sternstunden der maria-theresianischen Epoche niederschlagen: das Belvedere (Seite 109 oben) und Schloß Schönbrunn (Seite 109 unten). Der Verherrlichung eines Kaisers, Karls VI, dient auch die Karlskirche in ihrer einzigartigen baulichen Komposition, deren Schönheit man von der Station am Karlsplatz genießen kann (unten).

Die Wiener sind redselig, und sie zehren von der Vergangenheit ihrer schönen Stadt. Wenn die Gespräche aus dem Kaffeehaus, der U-Bahn, dem Theaterfoyer, dem Nationalrat und dem Heurigen zu einer geballten Sprechblase über Wien aufsteigen würden, stünde da: »Früher war alles viel besser.« Dabei steht eigentlich alles heute zum besten. Die Infrastruktur und die Lebensqualität, der Wissensstandard und der Kulturbetrieb sind den meisten anderen Metropolen in Europa überlegen. Dennoch sehnt sich Wien nach seiner Vergangenheit. Monarchie und Adel sind längst abgeschafft, aber die Durchlaucht und der Herr Baron leben in Titel und Taten fort. Irgendwie können die Wiener nicht überwinden, daß ihnen von der Donaumonarchie nur ein Haupt ohne Glieder geblieben ist.

Welche Aufregung herrschte in der Stadt, als nach dem Zusammenbruch des Kommunismus die Grenzen wieder offen waren nach Ungarn, Böhmen und Mähren, Slowenien und Kroatien. Mit welcher Anteilnahme verfolgen die Wiener die Schicksalsschlacht um Sarajevo, dem Ort des Attentats auf den Erzherzog Franz Ferdinand im Jahre 1914. Welche Sensation war der Grabraub von Heiligenkreuz im Dezember 1992. Er rührte das Rätsel von Mayerling wieder auf. In diesem Jagdschloß beging Kronprinz Rudolf von Habsburg 1889 Selbstmord. Der herkömmlichen Geschichtsschreibung nach hat er vorher seine blutjunge Geliebte Mary Vetsera getötet. Ein Hobbyforscher wollte es genau wissen und öffnete ihr Grab auf einem Hügel über dem Kloster Heiligenkreuz.

Das Morbide hat die Wiener immer schon fasziniert. Sei es der böse Basilisk in der Schönlaterngasse 7 oder der liebe Augustin im roten Dachl, der mitten in der großen Pest sang: »Lustig gelebt und lustig gestorben ist dem Teufel die Rechnung verdorben.« Im nahegelegenen »Griechenbeisl« erhebt sich noch ein alter Wohnturm, der mit seinem Knarren und Ächzen die Gespenster der Vergangenheit zu beschwören scheint. Zum Fürchten ist auch das unterirdische Wien mit seinen vielen Gruften und Schächten. »Der dritte Mann« hat dieses Höhlensystem dramatisiert. Sowohl am Michaeler Platz vor der Hofburg als auch am Neuen Markt mit den römischen Ruinen gibt es Einstiege in das unterirdische Wien.

Daneben pflegen die Wiener einen regen Austausch mit dem Überirdischen, was vor allem in ihren Liedern deutlich wird, wenn die Engel auf Urlaub nach Wien kommen oder wenn die letzte Straßenbahn den Weinseligen in den Himmel befördert. Mit Friedrich Hacker lernte ich einen Mann kennen, der die Lieder, den Wein und die Seele der Wiener erforschte. Wenn der Psychologe und bekannte Aggressionsforscher in einem Heurigen einkehrte, war die Musik in der Pflicht. Kaum ein Lied, das er nicht mitsingen konnte, kaum ein Wein, den er nicht einzuschätzen wußte. »Der Wein lockert die Stimmung, das Lied verrät die Lebensweisheit der Wiener«, meinte Professor Hacker. Er hat bei Selbst-

Auf einem der schönsten und nobelsten Plätze im Wiener Zentrum, dem Graben, erhebt sich in herrlicher barocker Verdrehtheit die 21 Meter hohe Pestsäule, die Leopold I. gegen Ende des 17. Jahrhunderts nach der großen Pestepidemie errichten ließ, um sein Gelübde zu erfüllen: »Wenn die Seuche vorüber ist, werde ich eine himmelstrebende Säule stiften.« Fast aus derselben Zeit scheinen die alten Krämerläden und Handwerksbetriebe (oben) zu stammen, die in den Wiener Altstadtgassen noch überall zu finden sind.

mordforscher Erwin Stengel in der Wiener Psychiatrie studiert und 1937 Sigmund Freud kennengelernt. Der erfahrene Freud und der junge Hacker sind vor den Nazis nach London geflohen. Sigmund Freud starb 1939, und seine Suche nach dem Unterbewußten eroberte die Welt. Friedrich Hacker eröffnete eine Praxis in Los Angeles. Als steter Wanderer zwischen der Alten und der Neuen Welt leitete er außerdem in Wien das Institut für Friedensforschung. Seinen Lebensabend verbrachte er immer öfter in Wien, wo er im »Hotel Sacher« logierte.

Die Massenflucht der österreichischen Juden vor Hitler war ein intellektueller und künstlerischer Aderlaß. Der Komponist Robert Stolz hätte als Arier bleiben und weiter arbeiten können. »Ich möchte auch gerne komponieren, aber nur, wenn es ein Trauermarsch für Hitler ist.« An diesen Ausspruch erinnerte sich Robert Stolz in einem gemeinsamen Gespräch im Jahre 1967. Im allgemeinen wollen die Wiener nicht an Hitler erinnert werden. Mit Stolz zeigen sie ein Symbol des Widerstandes am Stephansdom. Da ist ein »05« in die Kirchenwand gekritzelt. Die 5 steht für den fünften Buchstaben im Alphabet, also ein E. Das OE für Österreich aber galt als Verrat, wo doch nur ein deutsches Reich erlaubt war. Auf der anderen Seite der Kirchenwand sind Semmel und Brot abgebildet, eine Anleitung für das Füllgewicht, das die Bäcker einzuhalten hatten. Die Wiener sorgen eben gerne für Kopf und Körper.

Was wäre Wien ohne Kaffeehäuser? Oft sind es die Cafés der alten Hotels, wie im »Hotel Sacher« (unten), die als die Salons von Wien gelten. Hier sitzt man zwischen Seidentapeten, Marmor und edlem Holz und genießt die edelegere Freundlichkeit. Ebenso traditionell ist das liebenswert anachronistische Gewerbe der Fiaker (oben): Obwohl immer wieder totgesagt, ist es aber auf echt wienerische Weise eben unsterblich.

Einst ein uraltes Weindorf trägt es heute auf seinen Straßenschildern den Namen Wien: Grinzing. Fast scheint die Zeit stehengeblieben zu sein in diesem grünen 19. Bezirk. In langer Kette reihen sich die kleinen Weinhauerhäuschen aneinander, die Heurigen, in deren Stuben und engen Höfen sich die Wiener abends und sonntags zu gemütvoller Weinkost zusammenfinden. Wen wundert es, daß schon Beethoven und Grillparzer oft hier verweilten?

Ihre Begeisterung für die »Lustige Witwe«, für Kafkas »Verwandlung« oder für den »Kuß« des Malers Klimt kann genauso groß sein wie für ein gelungenes Schnitzel oder eine gute Sachertorte – und umgekehrt. Die Wiener leben eben für beiderlei Genüsse. Der Maler Ernst Fuchs ließ mich in seiner Villa erst seine Bilder sehen, nachdem wir im »Hietzinger Bräu« einen Tafelspitz verspeist hatten. Die Burgschauspielerin Kitty Speiser hält einen Abend erst für gelungen, wenn sie nach der Vorstellung bei »Schattl« einen Lachstartar bekommen hat. Die meisten Künstler sind auch wahre Kenner der Heurigen-Szene. Es ist in der Tat eine Kunst herauszubekommen, wer, wann, wo gerade »ausgesteckt« hat, bei den über 1000 Winzern rund um Wien.

Nach einer gelungenen Kostprobe hatte mir ein tüchtiger Kaufmann einen Rebstock in Grinzing verkauft, wie sich später herausstellte nicht nur mir. Bei der Weinlese kamen sehr viel mehr Besitzer nach Grinzing als es Rebstöcke gab. Der tüchtige Kaufmann hingegen kam nicht. Viele Wiener sind auch Schlawiner. »Das liegt am slawischen Blut«, sagte meine Hauswirtin in der Crusiusgasse ... Sie hieß Przmisl, wies aber jede osteuropäische Abstammung weit von sich. Der Kanzler heißt Vranitzky, der beste Bildhauer Hrdlicka und ein leidlich guter Popsänger Prokopetz. Alle drei haben sich ganz offensichtlich nichts zu schulden kommen lassen, trotz des »slawischen Blutes«.

Glanz und Glorie vergangener Zeiten spiegeln sich auch in der Neuen Sezession (oben) oder in dem Wahrzeichen Wiens, das sich stolz über die engen Gassen der Altstadt erhebt: der Stephansdom (links), eines der bedeutendsten Bauwerke europäischer Hoch- und Spätgotik. Aber auch das moderne Wien glänzt mit seiner glorreichen Architektur, wie mit Holleins Büro- und Geschäftsgebäude, dem Haashaus (ganz unten), oder dem mittlerweile weltberühmten phantastischen Hundertwasserhaus (unten).

Es ist eine durchgehende Leistung einer Reihe von Bürgermeistern, daß sie die jeweiligen Einwandererschübe nicht in den schlechteren Stadtvierteln haben auflaufen lassen, sondern die Ungarn und die Tschechen, die Slowaken und die Bosnier, die Türken und neuerdings wieder die Slawen in der gesamten Stadt verteilt haben. Wie in keiner anderen Metropole sind die Völker und Klassen in Wien gut durchmischt. Auch der soziale Wohnungsbau findet nicht am Stadtrand, jenseits der Augennähe, statt, sondern in den Baulücken des Zentrums. Die Archtitekten des 20. Jahrhunderts haben es sehr gut verstanden, kontrapunktisch und doch unauffällig hineinzubauen in Glanz und Glorie der Kaiserzeit. Adolf Loos hat schon 1911 gleich vor der Hofburg ein ornamentloses Haus gebaut, das – damals heftig umstritten – einen großen Verteidiger in Karl Kraus fand. In der Zeitschrift »Fackel« schrieb er: »Loos hat den Zukünftigen das Leben vorbereitet, es gereinigt und bewohnbar gemacht.« Die Architekten von heute wie Hans Hollein und sein Geschäftshaus am Stephansplatz, das Haashaus, oder Friedrich Hundertwasser und sein fast unrealistisch anmutendes Gemeindehaus im dritten Bezirk erregen die Aufmerksamkeit der Welt. Hundertwasser hat in seinem phantastischen Realismus die Müllverbrennungsanlage zu einer Art Disneyburg umgestaltet – heute ein Wahrzeichen Wiens.

Das Gesamtkunstwerk Ringstraße zieren die beiden symmetrisch einander zugeordneten Zwillingsbauten des Natur- und Kunsthistorischen Museums mit ihren Kuppeln und Türmen (oben), das von Theophil Hansen vielleicht als Anspielung auf das Mutterland der Demokratie erschaffene Parlament mit seinen korinthischen Säulen, griechischen Attiken, Giebeln und Statuen (unten), das im Stil der französischen Frührenaissance erbaute bedeutendste Opernhaus Europas, die prunkvolle Wiener Staatsoper (Seite 115 oben) und nicht zuletzt das Burgtheater, die traditionsreichste Sprechbühne des deutschsprachigen Raumes (Seite 115 unten).

Den Grundstein für die Stadt von heute hat aber noch Kaiser Franz Josef gelegt mit seinem Erlaß aus dem Jahre 1857. Damals wurden die Stadtmauern eingerissen, um an ihre Stelle eine Ringstraße zu bauen. Dieses gewaltigste Bauvorhaben der Welt hat Wien den Stempel aufgedrückt. Es sind nicht die einzelnen Museen, die Oper, das Burgtheater, das Rathaus, die Universität und das Parlament, die den Gesamteindruck ausmachen, es ist vielmehr die Aura jener Zeit. Sie heißt bis heute Gründerzeit. Der Dichter Adalbert Stifter hat ihre Anfänge miterlebt und vom Turm des Stephansdomes aus der Vogelperspektive beschrieben: »... und im Wienerberge liegen noch und harren unmeßbare Schichten von Ton, daß man noch ein Wien und noch eines und weiß Gott wie viele aneinander fortbauen könnte, bis der Berg erschöpft und eben, aber auch von der Stadt verschlungen wäre! Und sieht man so zu, wie sie sich sputen und treiben und wirken, so sollte man meinen, sie hätten auch nichts anderes im Sinne.«

Der Kaiser hatte das Startsignal für einen Bauboom ohnegleichen gegeben. Die im Vielvölkerstaat reich gewordenen Kaufleute errichteten Paläste, und die Spekulanten zogen Mietshäuser hoch. Es entstand das Stadtbild von Wien, wie es sich heute darstellt. Der eher gleichförmige Eindruck, den die neu gebauten Vorstädte erwecken, liegt auch an der Reglementierung der Bautätigkeit, die nur vier Stockwerke erlaubte. In der Tat sind es aber meistens sechs. Die findigen Wiener zählten einfach einige Stockwerke nicht mit und nannten sie Souterrain oder Mezzanin. In den letzten Jahren wurden außerdem zahlreiche Dachböden zu Penthäusern ausgebaut. Horst Jäger, der sich auf solche Ausbauten spezialisiert hat und davon immer noch einen Jaguar kaufen kann, meint: »Im Jahr 2000 hat ganz Wien in der obersten Etage einen Dachgarten.« Von der Höhe des Stephansdomes aus, der Wien noch immer überragt, sieht die Stadt mit ihren vielen Parks und den wie Blumenkästen aufgesetzten Dachböden sicher schöner aus als zu Zeiten Adalbert Stifters.

Die Donau allerdings nimmt erst langsam wieder die blaue Farbe an, die sie damals gehabt haben muß. Am alten Donaubett jedenfalls kann man wieder baden, und die Wunden, die die Ziegeleien den Bergen im Wiener Wald geschlagen haben, sind längst verheilt. Auf halber Höhe zwischen dem Stadtteil Nußdorf und dem Leopoldsberg liegt der Sommerheurige »Sirbu«. Er bietet den besten Blick auf Wien, das wohl so schön noch nie war – obwohl die Wiener sagen, früher sei alles besser gewesen.

THEATER TRIBUN

Wien ist nicht nur die Hauptstadt Österreichs, nicht nur eines der bedeutendsten Kunst- und Kulturzentren Europas, Wien ist vor allem ein Lebensgefühl. Dafür stehen der Prater mit seinem Riesenrad von 61 Metern Durchmesser (oben), die zahlreichen Cafés der Innenstadt (rechts) und auch das Denkmal des ungekrönten Walzerkönigs Johann Strauss (unten), dessen unsterbliche Melodien nicht nur Wien, sondern ganz Österreich, Europa und die USA begeisterten.

Gekrönt von ihren 99 Meter hohen, filigranen Türmen wurde die Votivkirche (Seite 117) von den Spendengeldern von über 300 000 Menschen errichtet, als Dank dafür, daß ein Attentat auf Kaiser Franz Josef im Jahre 1853 fehlschlug – ein weiteres Andenken aus der einstigen Kaiserstadt.

Es scheint mir so, als ob der Wiener verdrossen ist, wenn er keinen Grund zum Verdruß hat. Eine imposante Reihe von Kabarettisten, von Georg Kreisler bis Helmut Qualtinger, hat diese Charaktereigenschaft aufs Korn genommen. In Liedern wie »Der Papa wird's scho' richten« oder »Weil mir so fad is'« zeigt sich der Spott über Wiens verwöhnte Muttersöhnchen. Die Tradition des Kabaretts wird noch heute hochgehalten. Im Kabarett Niedermayr raunzt Werner Schneyder sein Publikum recht rüde an und wird dafür beklatscht.

Ein schönes und auch sicher noch lang andauerndes Streitobjekt ist das geplante Leopoldmuseum. Es soll die Sammlung eines reichen Privatmannes mit Werken von Kokoschka, Schiele und Klimt aufnehmen. Unter den Kunstschätzen ist auch Gustav Klimts »Leben und Tod«, das mit geschätzten 60 Millionen Mark zu den teuersten Gemälden der Welt gehört. Die Wiener können sich jedoch nicht darauf einigen, wo das Museum hin soll und wie es aussehen soll. Ich bin davon überzeugt, daß sie im Jahre 2000 immer noch diskutieren – und das auch, wenn der Bau schon fertig sein sollte. Ein anderer beliebter Dauerstreit rankt sich um die Frage, ob ein Deutscher ein Wiener Theater leiten darf, wie der langjährige Burgtheaterintendant Claus Peymann. Hingegen ist nichts dagegen einzuwenden, wenn der Wiener André Heller in Deutschland seine Erfolge feiert. Nun sind die Wiener gerade in Sachen Kunst und Kultur besonders pingelig. Sie haben auch ein gewisses Recht dazu, denn kein Großstadtvolk lebt so für seine Lieder, Aufführungen und Bilder. Dabei wird oft im nachhinein als Kunst anerkannt, was es eigentlich schon lange ist. So konnte erst Sohn Strauss ernten, was Vater Strauss begründet hat: die Walzermusik. Wenn die Wiener sich heute im Dreivierteltakt »An der schönen blauen Donau« wiegen, dann meinen sie, daß doch früher alles viel besser war.

BUDAPEST
CAFÉ NEW YORK

Ein Überbleibsel der Millenniumsfeier 1896 ist die Burg Vajdahunyad auf einer Insel im Stadtwäldchensee (oben). Die ursprünglich als Bühnenbild gedachte Burg, die Elemente von 21 historischen Bauten in Ungarn vereinigt, wurde später aus dauerhaftem Material erstellt.
Von Pest aus bietet sich ein herrlicher Blick auf das mittelalterliche Burgviertel (ganz oben), als dessen Mittelpunkt die von Fischerbastei und »Hilton« eingerahmte, 700 Jahre alte Liebfrauenkirche (rechts) gilt. Während der türkischen Belagerung in eine Moschee umfunktioniert, wurde sie im letzten Jahrhundert im gotischen Stil umgebaut.

Kaiserlich und königlich, k. u. k. Wien und Budapest. Die beiden Städte waren gut 50 Jahre lang das Herrscherpaar der Donaumonarchie. Das imperiale Band riß nach dem Ersten Weltkrieg, aber die Geschwisterliebe blieb. Deutlich spürte ich dies im Herbst 1956 als Student in Wien.

Ein paar Gleichgesinnte und ich gründeten einen Gesellschaftsclub, um ein wenig Betrieb in die Stadt zu bringen. Ein Psychologe und ein Maler, ein Mannequin und eine Kunststudentin waren die Gründungsmitglieder. Dann brach der Ungarnaufstand aus, und meine Freunde funktionierten den geselligen Club zu einem »Austrian Welcome Club« um. Hunderte von jungen Wienern spendeten Kleider und Decken, Handschuhe und Hausschuhe für die Welle der Flüchtlinge aus Budapest. Die gescheiterten jungen Revolutionäre griffen schon damals vor allem nach Amerikanischem, den Jeans, der US-Fliegerjacke und dem Army-Trenchcoat – Hinterlassenschaften der GIs, die ja erst kurz zuvor aus Österreich abgezogen waren.

Beständiger Zeuge der wechselvollen Geschichte Budapests ist der Burgpalast (unten) mit seinem Burgmuseum, dessen Ausstellungen einen Überblick über die mehr als zweitausendjährige Entwicklung der Stadt sowie über die immerwährende Pracht vermitteln.

Einkaufen kann man in Budapest – wie hier in der Geschäftspassage Pariser Hof – in schöner Umgebung. Die bieten auch Cafés wie das »New York« (unten) und die Thermalbäder, die schon die Römer (Seite 123 unten: Ausgrabungen der Römerstadt) zu genießen wußten. Eines der bekanntesten Bäder der Stadt befindet sich im »Gellerthotel« (Seite 123 oben).

Laszlo Legrady, ein Jurist, der zunächst einmal in Wien Taxi fuhr, meinte, daß die Nähe und die Wärme Wiens die ungarische Revolution weiter haben glühen lassen bis zu jenem denkwürdigen Tag im Jahre 1989, als der Eiserne Vorhang als erstes an der Grenze zwischen Ungarn und Österreich zerriß. Über die alte Nabelschnur floß die westliche Lebensart auch direkt nach Budapest.

Zunächst einmal machten die Kaffeehäuser in der Wiener Tradition wieder auf. Dann gab sich das »Hungaria« wieder den alten Namen »New York«. Dieses Kaffeehaus, reichlich mit Plüsch und Gold bestückt, hat außer dem Namen mit New York nichts gemeinsam. Wenn dann auch noch die Zigeunerkapelle aufspielt mit ihren schluchzenden Gesängen, ist das »New York« ganz ausschließlich Budapest. Dafür aber hat die Hotelkultur immer mehr amerikanische Züge angenommen. Das postmoderne »Grand Hotel« kann sich mit jedem Luxushotel in Manhattan messen. Im Glasaufzug des Atriums singt Frank Sinatra vom Band, und das etwas ältere »Hilton« auf dem Burgberg sehen die Budapester schon als ein eigenes Markenzeichen an.

Die Jugend in Budapest ist jazzvernarrt und liebt die American Bar. Das »Broadway Drink« ist so eine Bar, und eine superbe Jazz-Sängerin ist Kati Bontovics in »Katis Bar«.

Die alten und die neuen Nachbarn aus Wien allerdings suchen in Budapest, was sie in ihrer Stadt verloren haben: das Österreich von gestern.

Das »Ruszwurm« ist nicht nur ein Café, sondern eine Philosophie. Seine barocke Atmosphäre und seine Linzer Torte haben schon im vergangenen Jahrhundert die feinen Damen von Adel und Geldadel aus Wien angelockt. Ihre Aufmachung und ihre Manieren erleben heute eine wahre Neuauflage.

Das »Gérbeaud« in der Stadtmitte schließlich ist ein Denkmal für das Kaffeehaus schlechthin, auch wenn hier das Prestige die Qualität übersteigt. Die Restaurants verblassen neben den Cafés, und ich empfinde die Küche als Wiener Abklatsch mit einem Schuß Paprika. Die große Attraktion der Budapester Gastlichkeit ist jedoch das Badhotel.

Lucasbad und Kaiserbad, Margaretenbad und Gellertbad – man geht nicht zum Baden dorthin, sondern man hält sich im Bad auf, stundenlang, tagelang. So müssen die Römer einst ihre Thermen genutzt haben, zur Körper- und Seelenmassage und eben zum Bad in der Menge. Einst stand eine römische Legion, wo heute Budapest liegt, und schon die Legionäre nutzten die Thermalquellen.

Das Gellertbad erinnert an den Abt Gerhard aus Venedig, der vor tausend Jahren dem ersten König von Ungarn half, das Land zu missionieren. Seitdem bekennt es sich zum Westen, auch wenn dieser das Land immer wieder im Stich ließ gegen den Ansturm der Mongolen und in den langen Jahren der Besetzung durch die Türken. Erst das Haus Habsburg hat die Ungarn befreit und gleichzeitig sich selbst einverleibt.

Anmutig fließt der mächtige Strom der Donau durch das bezaubernde Häusermeer der Stadt. Die Verbindung zwischen dem auf den sanften Hügeln der Stadt gelegenen Buda und dem Stadtteil Pest am flachen Ostufer der Donau schaffen die zahlreichen Brücken: die Kettenbrücke (ganz unten) als das Wahrzeichen Stadt, die reichverzierte Freiheitsbrücke (rechts) oder die Elisabethbrücke (unten) in ihrer sachlichen Eleganz.

Besonders bemerkenswert ist die Kettenbrücke, einer der Brückenschläge über die Donau, durch die das hügelige Buda und das flache Pest zusammenwuchsen. Sie wurde von Briten gebaut und vom ungarischen Adel bezahlt. In der zweiten Hälfte des 19. Jahrhunderts entwickelte sich Budapest zu einer Handelsmetropole zwischen Ost und West mit gastronomischen, architektonischen und modischen Anleihen aus der europäischen Welt. Die französischen Brüder Eiffel bauten den Glas- und Eisenpalast des Westbahnhofs, in dem sich heute eine amerikanische Imbißkette eingenistet hat. Gärten und Parks entstanden im Stil der Belle Epoque. Das neugotische Parlament und die Fischerbastei auf dem Burgberg gaben der Stadt einen internationalen Anstrich. Die Kaufleute schufen sich Paläste im Wiener Stil.

Dann – um die Jahrhundertwende – rebellierte die intellektuelle und künstlerische Jugend gegen den übermächtigen Fremdeinfluß. Der Jugendstil von Budapest entfaltete den Phantasiereichtum der Ungarn. Ödön Lechner schuf unverwechselbare Architektur mit bizarren Formen, orientalischen Ornamenten und leuchtenden Farben wie das Kunstgewerbemuseum. Die Majolicaverkleidung der Postsparkasse beherrscht das Straßenbild, und auf dem jüdischen Friedhof bilden einige Grabmale wahre Musterbeispiele für den ungarischen Jugendstil.

Zu den interessantesten Bauwerken Budapests zählen die um die Jahrhundertwende erbaute Fischerbastei (Seite 125 oben), deren weiße Türme über der Stadt erstrahlen und die ihren Namen dem im Mittelalter hier ansässigen Fischmarkt verdankt, mit ihrem Denkmal zu Ehren Stephans I. sowie das nach englischem Vorbild erbaute Parlament (Seite 125 unten). Unter seinen Kuppeln und Türmen wurde im Herbst 1918 die ungarische Republik ausgerufen.

An der Seite des kaiserlichen Bruders in Wien mußte das königliche Ungarn mit in den Ersten Weltkrieg ziehen. In dem darauffolgenden Frieden gewann das Land die Freiheit von Österreich und verlor dabei aber die Hälfte seines Territoriums an die slawischen Nachbarn. Die Nutznießer waren die Slowaken und Rumänen, die Serben und Kroaten. Im Zweiten Weltkrieg wollten sich die Ungarn im Bündnis mit Hitler die verlorenen Gebiete wieder zurückholen und zogen erneut den Kürzeren.

So kommt es, daß die Nation heute von ungarischen Minderheiten eingerahmt ist, die jenseits der nationalen Grenzen leben. Im Nationalsozialismus und noch einmal im Sozialismus flohen viele Budapester in den Westen. Von dort aus halfen sie, die Last der Sowjetherrschaft zu ertragen und dann abzuschütteln. Von Amerika und von Deutschland, von Paris, London und natürlich von Wien aus pumpten sie Geld und Moral in die alte Heimat, so daß Ungarn immer als die fröhlichste Baracke im sozialistischen Zwangslager galt.

Nach dem mißlungenen Aufstand 1956 ist Ungarn den Reformweg gegangen, soweit die Sowjetunion dies zuließ. Entsprechend mild ging das Volk mit den abgesetzten Herrschern nach der Wende um. Manche Herren von damals wurden sogar in die neue Regierung hineingewählt. Die Statuen der anderen haben die Ungarn nicht geköpft und eingeschmolzen, sondern in einem Park am Stadtrand abgelegt. Da dürfen Marx und Lenin überlebensgroß weiter existieren, kämpfen russische Soldaten weiter um die Weltherrschaft. »Wir hassen sie«, sagte mir Laszlo Legrady, »aber sie gehören zu unserer Geschichte.« Nur Stalin haben die Ungarn übel mitgespielt. Schon 1956 haben sie seine Statue auseinandergenommen. Einst war sie aus dem Metall eingeschmolzener Statuen ungarischer Helden gegossen worden. Jetzt ist nur noch eine Stalin-Hand zu besichtigen – im Museum der Militärgeschichte auf dem Burgberg.

Übrigens, Laszlo Legrady, der Flüchtling von 1956 ist wieder nach Ungarn zurückgekehrt und führt eine Anwaltskanzlei.

Von Kunst und Kultur der Ungarn zeugen das mit Renaissance-Elementen geschmückte Ethnographische Museum (oben), das in reinstem ungarischen Jugendstil erbaute Kunstgewerbemuseum (unten) und nicht zuletzt das Opernhaus von Budapest (rechts). Das Leben aber findet für den Genießer in der Markthalle statt (Seite 127 oben und unten). Hier sorgen die Kleinhändler täglich für riesige Berge frischen Paprikas, meterlange Knoblauchzöpfe und allerlei ungarische Köstlichkeiten.

3833

PRAG

DIE MITTE EUROPAS

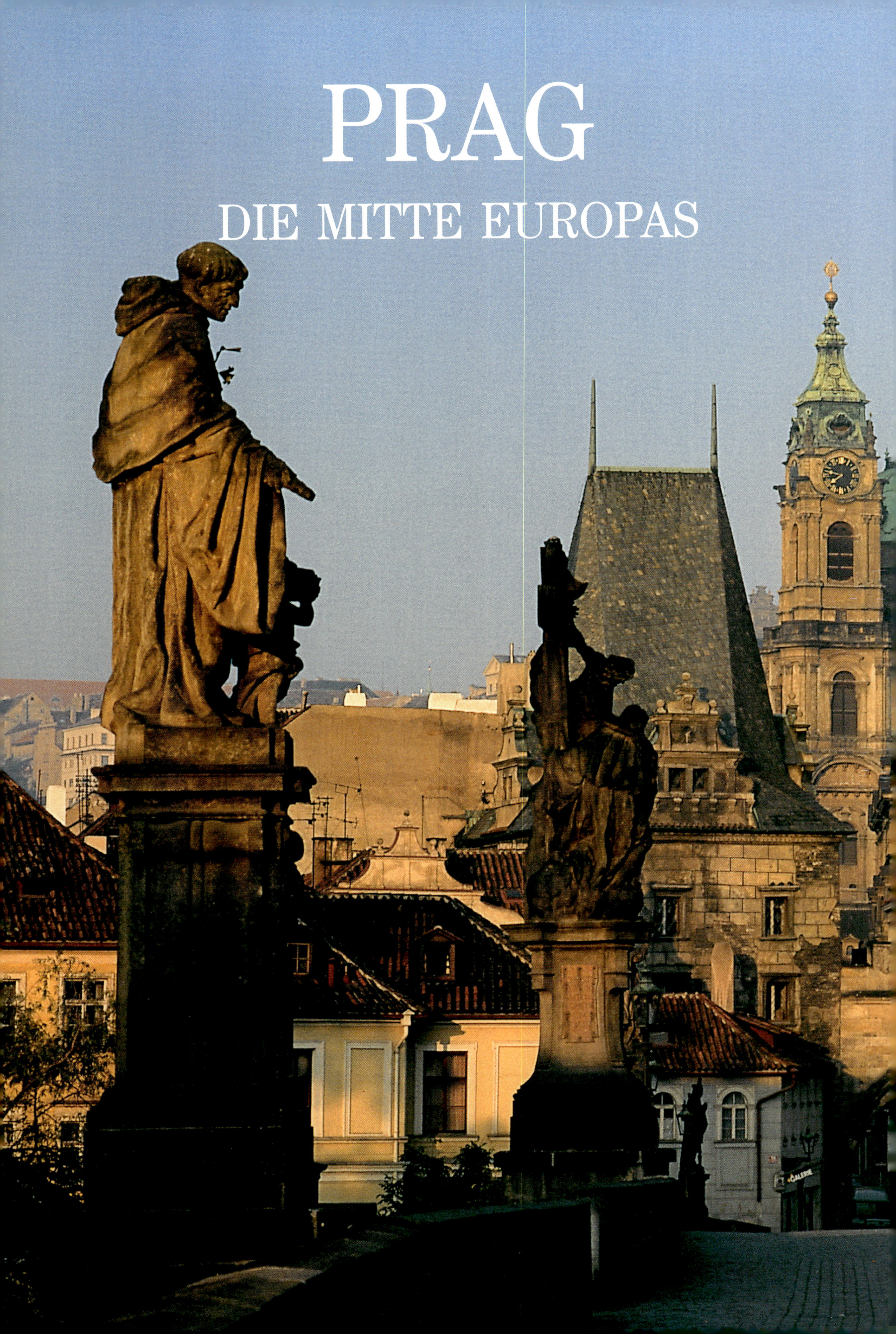

Alles überragend erhebt sich der Hradschin, die Prager Burg, eine kleine Stadt für sich und seit über 1000 Jahren beständige Zeugin der Geschichte Prags. Aus dem Herzen des Burgkomplexes – auch heute noch der Amtssitz des Präsidenten (oben) – erheben sich die fast 100 Meter hohen Türme des Veitsdomes (Seite 131 oben), deren Silhouette das gesamte Prag überragt. Ebenfalls auf dem Hradschin befinden sich das Erzbischöfliche Palais (Seite 131 Mitte rechts), die berühmteste Wallfahrtstätte der Stadt, die Loretokirche (Seite 131 unten links), und das pittoreske Goldene Gäßchen mit seinen 18 winzigen, bunt bemalten Häuschen, die entgegen der weit verbreiteten Legende nicht von den Goldschmieden Rudolfs II. bewohnt wurden, sondern von Handwerkern und Burgwächtern (Seite 131 unten rechts).

Prag ist ein sehr politisches Kapitel für mich. Natürlich ist Prag auch eine der schönsten Städte Europas, wenn nicht der Welt. Doch bildet diese Schönheit nur die spektakuläre Kulisse für den politischen Auftritt einiger herausragender Bürger des Landes. Alexander Dubček stand für den Prager Frühling 1968, einen Sozialismus mit menschlichem Antlitz. Václav Havel vertritt die samtene Revolution von 1989, die gewaltlose Befreiung vom Sozialismus und die ebenso gewaltfreie Scheidung von der Slowakei vier Jahre später. Der Name Václav Klaus schließlich ist verbunden mit einem folgerichtigen, allerdings nicht schmerzlosen Wechsel von der Staats- in die Marktwirtschaft. Alle drei haben den Weg Osteuropas zurück in die Mitte des Abendlandes gebahnt – mit Prag als kulturellem Mittelpunkt.

Diese Rolle hat die Stadt schon einige Male innegehabt. Mit der Gründung der ersten Universität diesseits der Alpen im Jahre 1348 wurde Prag ein intellektuelles Zentrum Europas. Unter den Habsburgern entwickelte sich die Stadt zweihundert Jahre später zum künstlerischen Dreh- und Angelpunkt, und nach dem Ersten Weltkrieg war die unabhängige Tschechoslowakei eine zentrale europäische Industriemacht.

Alle drei Epochen haben in Prag ihren architektonischen Niederschlag gefunden: Die Universität und die Anfänge des Veitsdomes, die Burg Karlstein vor den Toren der Stadt und die Karlsbrücke stammen aus gotischer Zeit. Die schwarzgraue Sgraffito- oder Fresco-Architektur kennzeichnet die Renaissance. Art Nouveau und Bauhaus dagegen sind die Baustile der Jahrhundertwende. Das Barock schließlich hat das Stadtbild prächtig aufgefüllt. Und weil ein deutscher General Hitlers Befehl zur Zerstörung Prags nicht befolgte, ist die Metropole heute ein Freilichtmuseum für europäische Kultur.

Seit der Wende wird diese Stadt so stark besucht, daß die alteingesessenen Prager eine Überfremdung befürchten. Mein Lieblingshotel »Zu den drei Straußen« unterhalb der Burg und oberhalb der Karlsbrücke ist mittlerweile stets ausgebucht und außerdem überteuert. Doch die altböhmische Atmosphäre dieses Hotels und der Blick nach draußen sind gleichermaßen unbezahlbar. Die Karlsbrücke ist ein steinernes Wunderwerk aus dem vierzehnten Jahrhundert. Geplant wurde sie von Peter Parler, einem Sproß der berühmten Dombaumeisterfamilie. 400 Jahre später schmückte Bernard Braun die Brücke mit einer Statuengalerie. Heute ist die Karlův Most, wie sie auf tschechisch heißt, ein Touristentrampelpfad, gesäumt von Händlern und Tandlern. Nur ein einziges Mal hatte ich die Karlův Most fast für mich allein, als wir dort im Abendlicht ein Porträt über einen jungen, noch unbekannten Sänger drehten, sein Name: Karel Gott. Das war 1966.

Am Pulverturm (unten), dem Osttor der Altstadt, begann der »Königsweg«, auf dem sich der Krönungszug der böhmischen Könige über die Karlsbrücke zum Hradschin bewegte. Für Jahrhunderte war die Karlsbrücke die einzige Verbindung zwischen den beiden Moldau-Ufern. Heute hat Prag 15 Brücken, doch die Karlsbrücke ist noch immer die schönste und ein Treffpunkt für Einheimische und Fremde. Das Zentrum des historischen Prag ist der von gotischen, barocken, Renaissance- und Rokoko-Fassaden gesäumte Altstädter Ring. Zu den prachtvollen Gebäuden dieses 9000 Quadratmeter großen Platzes zählt der Rathausturm mit seiner Astronomischen Uhr (Seite 133 unten), das Kinskypalais und die Teynkirche, die mit ihren zwei ungleichen Türmen alles überragt (Seite 133 oben).

Im Frühjahr 1994 dann war es auf der Brücke so voll wie nie, als ich mit anderen Journalisten im Troß von Bill Clinton in die Altstadt zog. Dort hat der amerikanische Präsident in einer Jazzkneipe Saxophon gespielt. Prags Intellektuelle sind übrigens ebenso jazzbegeistert wie ihre Nachbarn in Budapest. Ihr Tempel, die populärste Jazzkneipe, ist die Bar »Malostranska Beseda« nahe der Karlsbrücke.

Dem Jazz folgten die Jeans auf dem Fuße. Im neuen Prag hat sich der »American Way of Live« breitgemacht. Nahe der Burg Karlstein ist ein brandneuer Golfplatz entstanden, im Stadtzentrum betreiben junge Amerikaner das »Globe Bookstore and Café«, und McDonald und Company besetzen die Filetgrundstücke in der Stadt. Eine junge Truppe von Amerika-Aussteigern und Prag-Einsteigern betrachtet die Altstadt als eine Art Nachfolgerin des Paris' der zwanziger Jahre – mit Ernest Hemingway und Gertrude Stein als Vorbildern. Das literarische Klima ist in Prag ohnehin vorhanden mit dem Dichterpräsidenten Václav Havel, mit der poetischen Hinterlassenschaft von Franz Kafka und Jaroslav Hašek, dem Schöpfer des braven Soldaten Schwejk. Unter der Habsburger Herrschaft war Tschechien noch Böhmen und Mähren ... Böhmen ging in die Geschichte des Künstlerlebens ein, als Ausdruck einer Lebensart: Bohème.

Als Symbol für das wiedererwachte tschechische Nationalbewußtsein wurde Ende des 19. Jahrhunderts das Nationaltheater eröffnet. Nationalbewußtsein zeigen auch zwei mächtige Denkmäler: das Johannes-Hus-Denkmal am Altstädter Ring (unten) zu Ehren des Reformers und Nationalhelden Johannes Hus und das Reiterstandbild des Nationalheiligen Wenzel, das über den langgezogenen Wenzelsplatz wacht (Seite 135 oben). Stolz sind die Tschechen aber auch auf ihr Bier, das »U Fleků« Bierhaus (Seite 135 unten) zählt zu den traditionsreichsten Brauhäusern der Stadt.

Bohème ist aber auch der Barockstil, der im Stadtbild vorherrscht. Besonders eindrucksvoll war für mich die – übrigens auch deutsche – Inschrift vor dem Martinic Palais. Da heißt es: »Das Projekt wurde an eine bedeutende italienische Baumeisterfamilie vergeben, die Architekten Fontana, Repräsentanten des barocken Klassizismus. Seit dem Jahre 1960 ist das Martinic Palais Sitz der Burgwache. Die Burgwache wird gesponsert von ... «. Es folgen die Namen eines deutschen Autoherstellers, einer tschechischen Brauerei und einer amerikanischen Firma für Telekommunikation. Nun fehlt nur noch, daß die Burgwache bei ihren Umzügen die Embleme der Sponsoren trägt.

Das Sponsoring begann sofort nach dem Zusammenbruch des Kommunismus, als Präsident Havel und Premier Klaus die Kehrtwende in den Kapitalismus verordneten. Diese frühe Entscheidung hat Tschechien eine hohe Leistungskraft, Vollbeschäftigung und einen für osteuropäische Verhältnisse passablen Lebensstandard beschert, allerdings auch genau jenen Materialismus, den Karl Marx so bekämpft hatte. Ein Satz des Reformers Václav Klaus ist berühmt geworden: »Geld ist nicht alles, aber das einzige.« Blindlings folgt eine neue leichtfüßige tschechische Unternehmerklasse diesem Glaubensbekenntnis. Und eine Gruppe von »Restitutlaks«, im Kommunismus enteignet und jetzt wieder vergütet, profitiert davon. Der größte Teil der Tschechen findet zumindest ein Auskommen, die sozial Schwachen allerdings haben das Nachsehen.

Pavel Kohout, der zu den Dissidenten der »Charta 77« gehörte, hat die heutige Entwicklung so zusammengefaßt: »Im Kommunismus hat die Mehrheit der Bevölkerung der eigenen Gesellschaft überhaupt keine Erfolge zugetraut und umgekehrt der westlichen Welt keine Mißerfolge. Im Endeffekt wurde einem Phantombild ein anderes entgegengesetzt.«

Viele Prager empfanden nach der Täuschung durch den Sozialismus die Befreiung als Enttäuschung. Der Fremde bekommt das durchaus zu spüren, wenn er in den teuren Geschäften auf dem Wenzelsplatz einkauft oder im Grand Hotel »Bohemia« logiert, was sich kaum ein Prager erlauben könnte. Die Bürger der Stadt sind aber gerne bereit, ihre Probleme auf ihrer Ebene zu diskutieren, nämlich in den preiswerten Bierlokalen wie dem »Vikárka« nahe dem Veitsdom. Dort kann man auch gelegentlich Václav Havel entdecken, der gerne ein volkstümlicher Präsident bleiben möchte.

Tschechien ist eine Urheimat des Bieres, und die Qualität des Gerstensaftes ist gleichbleibend gut. Vom Essen kann man das nicht sagen. Irgendwie haben sich die böhmischen Knödel und der Prager Schinken noch nicht von der sozialistischen Verwahrlosung der einst gerühmten Küche erholt. Kein Wunder, daß sich Neuzugänge aus dem Ausland leicht tun, wie etwa das »Red Hot and Blues« im New Orleans-Stil, die Pizzeria »Kmotra« oder sogar die russische Küche des »Berjozka«.

Als hervorragende Beispiele des Prager Jugendstils gelten das »Mucha-Fenster« in der Wenzelskapelle des Veitsdomes (oben) und das prächtige Bauwerk des Kulturzentrums (oben rechts).
An das ehemalige Judenviertel Prags, den einst eigenständigen Stadtteil Josefstadt, erinnern die frühgotische Altneusynagoge, die älteste Synagoge Europas und das Jüdische Rathaus (unten) mit seiner hebräischen Uhr, deren Zeiger gegen unseren Uhrzeigersinn laufen, sowie der Alte Jüdische Friedhof (unten rechts).

Wem das Ambiente aber wichtiger ist als der Verzehr, der findet ein weitreichendes Angebot von Cafés im Jugendstil der zwanziger Jahre und der Jahrhundertwende. Nach einer Renovierung hat das »Slavia« wieder eröffnet. Das »Café Nouveau« auf der Republica wurde noch von dem famosen Maler Alfons Maria Mucha gestaltet. Es ist derselbe Mucha, der die Kirchenfenster in der Wenzelskapelle auf der Burg im Jugendstil neu ausgemalt hat. Das auffälligste Schaufenster der Art Nouveau ist jedoch das Hotel »Europa« auf dem Wenzelsplatz, der genaugenommen eine Allee bildet. Er ist der Schauplatz der Demonstrationen im Prager Frühling 1968 und der Massenaufmärsche des Jahres 1989. Prag erinnert den Besucher aber nicht nur an die Herrschaft des Sozialismus', sondern auch an das Regiment der Nationalsozialisten. Ein Denkmal der besonderen Art ist der alte jüdische Stadtteil Josefstadt, den Hitler nicht dem Erdboden gleichgemacht hat. Er wollte ihn bewahren als Museum einer ausgestorbenen Rasse. Dieser perverse Gedankengang macht die Stadt um ein Stück Kulturgeschichte reicher.

Beeindruckend ist für mich der Alte Jüdische Friedhof. Über 300 Jahre lang begruben die Juden hier ihre Toten, die in 12 Schichten übereinander liegen, da der Friedhof sich nicht ausdehnen durfte. Das bekannteste der rund 20 000 Gräber ist das des Rabbi Löw, der einst den Golem erschuf.

Die jungen Bewunderer der Metropole wählen im Sommer das preiswerte Vergnügen, ein Ruderboot auf der Moldau zu mieten und das ganze Prag als Kulisse zu genießen – bei einer mitgebrachten Flasche »Müller-Thurgau« aus Mähren. Mir gefällt Prag am besten im Winter, wenn die imposante Burg, der Veitsdom und die Karlsbrücke einen weißen Umhang tragen. Dann scheint die Stadt sich mit sich selbst und ihrer Vergangenheit am wohlsten zu fühlen. Der geniale Reiseschriftsteller Bruce Chatwin hat es Mitte der achtziger Jahre auf den Punkt gebracht: »Es ist eine Stadt, in der man die Schneeflocken fallen hört.«

Zu jeder anderen Jahreszeit aber lärmt die Stadt mit Bauhämmern, Betonmischern und Straßenmusikanten. Pavel Kohout meinte: »Es gibt im Prinzip seit ewig nur die Wahl zwischen der Friedhofsruhe im totalitären System und dem Chaos eines Zirkus' in der Demokratie. Ich liebe Zirkus, weil ich gerne lebe.«

FLORENZ

EIN TRAUM

Florenz, die Hauptstadt der Toskana, ist wegen ihres Reichtums an Kunstdenkmälern aus Mittelalter und Renaissance einer der beliebtesten Touristenorte Südeuropas. Wie kaum eine andere Stadt Italiens besitzt Florenz ein ausgeprägtes und eigenständiges künstlerisches, kulturelles und auch kulinarisches Leben.

Es war an einem der Abende, die das »Toskanalicht« sprichwörtlich gemacht haben: Die Abendsonne spiegelt sich in der gemächlichen Strömung des Arno, so daß man seinen Schmutz nicht sieht. Der Ponte Vecchio, dieser malerischste Brückenschlag der Welt, bricht das Licht in seinen Fenstern noch einmal. Hinter dem Arno steigt die Stadt in Terrassen hoch bis nach Fiesole und scheinbar ohne Übergang in den Himmel hinein.

Anschließend war mein Auto weg. Ich ging zur nächsten Polizeistation, und da stand es vor der Tür. »Ich hätte es auch wieder zum Arno zurückgebracht«, sagte Capitano Angelo, »aber da war keine Parklücke mehr frei.« Der Capitano hatte gesehen, wie jemand sich an meinem Wagen zu schaffen machte. Sein italienisches Aussehen und die deutsche Autonummer paßten absolut nicht zusammen, also nahm Angelo die Verfolgung auf – mit Erfolg. Der Capitano hat mich später während eines langen Sommers in Florenz auf vielen Wegen begleitet. Er verfügte über ein schmales Gehalt, eine gute Figur und eine große Liebe zur toskanischen Küche. Das hieß: gutes Essen in einfachen Lokalen und – der Figur zuliebe – möglichst zu Fuß dorthin.

Am Monte Amiata gab es große Steinpilze, nahe der Kirche Santa Croce Kaldaunen mit Bohnen, unter Olivenhainen Brot mit kalt gepreßtem grünen Öl, in einem kleinen Weingut zehn Jahre alten Chianti, in Fiesole Wildschweinbraten, in der Nähe des Palazzo Pitti märchenhafte Nachtische aus Haselnußmehl und Pinienkernen und in einem Pfarrhaus selbstgemachte Tomatensauce mit Thymian und Rosmarin. Alles »cucina povera«, arme Küche – kein Import, nur Hausgemachtes, aber das ist ja ihr offenes Geheimnis. Die Landschaft liefert alle Zutaten, der Mensch fügt den Geschmackssinn hinzu, und schon ist es jene toskanische Küche, die von Florenz aus ihren Siegeszug in die Welt angetreten hat. Eine Caterina de' Medici hat ihrem französischen Königsgemahl, Heinrich dem Zweiten, und seinem Hof das toskanische Essen beigebracht – übrigens mit der Gabel, die bis dahin nur in Italien heimisch war.

GARGA
TRATTORIA
TRATTORIA

ENTE PROVINCIALE PER IL TURISMO DI ROMA
DIPLOMA DI BENEMERENZA
Trattoria 'Sostanza'
MENU
La Guida Petrus

Auch das heutige Stadtbild wird geprägt von dem Jahrhunderte währenden Einfluß jener reichen Kaufmanns- und Bankierfamilie Medici. Sie wohnte und regierte im Renaissancepalast Palazzo Medici-Riccardi (oben) und auch im Palazzo Vecchio, der mit seinem zinnengekrönten Turm als das bedeutendste Bauwerk des Mittelalters gilt (oben rechts). Geschmückt wird der Platz vor dem Palazzo Vecchio von zahlreichen Statuen, darunter auch eine Kopie des »David« Michelangelos (ganz oben).

Die große Familie der Medici hat aber nicht nur etwas für den Gaumen der Welt getan, sondern auch für die anderen Sinne. Von Cosimo dem Älteren im 15. Jahrhundert bis zu Cosimo III. im 18. Jahrhundert haben die Medici künstlerische Talente gefördert, politische Unruhen unterdrückt, Industrie und Handel entwickelt und intellektuelle Gesellschaft gepflegt. Diese Vielseitigkeit zeichnet den Renaissance-Menschen aus und hat die Rinascità, die Wiedergeburt der klassischen Ideale, mit herbeigeführt. Ein Vorläufer dieser Wiedergeburt war Dante Alighieri, der in seiner göttlichen Komödie den Menschen eine Reise durch Hölle und Fegefeuer in den Himmel machen läßt, kein mißratenes Geschöpf Gottes mehr, sondern sein Ebenbild. Was Luthers Bibel so nebenher in Deutschland geschaffen hat, nämlich eine einheitliche Sprache, das brachte »Die göttliche Komödie« Italien, das Florentinische wurde zur offiziellen italienischen Sprache als Nachfolgesprache des Lateins. Noch heute müssen die Schulkinder ganze Passagen »Dante« auswendig lernen.

Der Humanist Petrarca gab der Renaissance den philosophischen Leitfaden, der Architekt Brunelleschi baute der Idee einen Dom ohnegleichen. Florentiner entdeckten die perspektivische Malerei, Machiavelli war der Vater der politischen Wissenschaft, Boccaccio der Schöpfer der Literaturkritik und des sehr freizügigen »Decamerone«. Als Giganten der Renaissance aber gelten Michelangelo und Leonardo da Vinci.

Bei einer Versteigerung in New York im Herbst 1994 ging ein Skizzenbuch Leonardo da Vincis für 32 Millionen Dollar an den amerikanischen Software-König Bill Gates – weil in diesem Skizzenbuch »Mathematik und Kunst in genialer Weise konvenieren«. Vor der Akademie der Schönen Künste stehen jahrein, jahraus lange Schlangen, um den David zu sehen, dieses vollkommene Kunstwerk Michelangelos. Er hat die Skulptur aus einem Stück Carrara-Marmor gemeißelt, das ihm die Dombauhütte in Florenz zur Verfügung stellte. Obwohl Michelangelo als Maler der Sixtinischen Kapelle in Rom den größten Ruhm erwarb, hat er sich selbst vor allem als Bildhauer gesehen. Seine Meisterschaft läßt sich am Palazzo Vecchio ablesen, an einem Kopf in Augenhöhe. Er gewann eine Wette, indem er diesen Kopf mit dem Rücken zur Wand modellierte. Auch Leonardo da Vinci beherrschte seine Kunst blindlings. Viele seiner Schriften sind spiegelverkehrt, damit sie nicht so schnell kopiert werden können. Offenbar waren Industriespionage und geistiger Diebstahl schon damals ein Problem.

Wenn man allerdings über den Tellerrand der Kunst in den Charakter der beiden Giganten schaut, erhält man ein durchaus menschliches Bild. Michelangelo soll sich ein Leben lang nicht gewaschen haben, was ihn jedoch nicht daran gehindert hat, neunzig zu werden. Leonardo da Vinci soll seine Liebe den Frauen verweigert haben, damals wie heute keine Seltenheit. Mein Capitano Angelo zeigte mir die Stelle auf der Piazza Signoria, wo Michelangelo sich bei einem Faustkampf die Nase brach. Der Polizist kannte auch die alte Bastion, die Leonardo da Vinci als Kommandant gegen den Angriff der Truppen Karls V. verteidigte, übrigens vergeblich.

Mittelpunkt der Stadt ist die lebhafte Piazza del Duomo mit dem von der architektonisch meisterhaften Kuppel Brunelleschis gekrönten Dom Santa Maria del Fiore. Mit einer Länge von 169 Metern ist er nach dem Petersdom in Rom die größte Kirche Italiens.

Auch durch seine Kirchen verdient Florenz einen eigenständigen Platz in der Kunstgeschichte. Das im 11. Jahrhundert errichtete Baptisterium des Heiligen Johannes wurde mit der farbigen Marmorverkleidung der achteckigen Fassade ebenso stilbildend (Seite 159), wie auch die Kirche Santa Maria Novella (rechts) mit ihren zwei Stilrichtungen: Romanik und Renaissance.

Die Renaissance war in Florenz so lebendig wie nirgends sonst, und sie scheint es noch heute zu sein. Gepflegt werden die Denkmäler der großen Schöpfer jener Zeit, wie etwa das Denkmal des Bildhauers Benvenuto Cellini (unten), und auch die traumhaften Renaissance-Gärten, wie die im 16. Jahrhundert angelegten Boboli-Gärten (oben).

Das Zeitalter der Renaissance war ganz offensichtlich genauso von Kampf gekennzeichnet wie von Glanz. Mehrmals haben die Medici gekämpft und gesiegt. Im Sieg über die Stadt Volterra haben sie grauenhafte Massaker unter Frauen und Kindern zugelassen. Nach der Unterdrückung eines Aufstandes unter dem Dominikaner Savonarola haben sie den Mönch foltern und auf dem Platz vor der Signoria verbrennen lassen. Aber die Medici haben auch Galileo Galilei vor der Verfolgung durch fanatische Katholiken geschützt und nach der Aufhebung eines Urteils der Inquisition sogar als Dauergast in ihrem Palast aufgenommen. Galilei, Erfinder des Teleskops, des Mikroskops und des Thermometers, hatte die Heilige Kirche gegen sich aufgebracht, weil er bewies, daß sich die Erde um die Sonne dreht und nicht umgekehrt. In einer Abwandlung seiner Lehre könnte man sagen, daß Florenz in der Renaissance nicht ein Satellit des Heiligen Römischen Reiches war, sondern die Sonne selbst, um die sich das Abendland drehte.

Das Florenz von heute, das Scharen von Künstlern und Heerscharen von Touristen anzieht, ist das Florenz von gestern. Il Cupolone, die Kuppel, die Brunelleschi im 15. Jahrhundert auf den Dom gesetzt hat, gilt auch heute noch als Meisterleistung der Statik. Die Loggia dei Lanzi, die Halle der Lanzenreiter, wurde immer wieder kopiert – ein Beispiel dafür ist etwa die Feldherrnhalle in München. Über den Bildhauer der vor der Halle stehenden Perseusstatue, nämlich Benvenuto Cellini, hat Johann Wolfgang von Goethe eine Biographie geschrieben. Der französische Essayist Michel de Montaigne hat schon Ende des 16. Jahrhunderts die

Grazie der Kirche Santa Maria Novella mit ihrem grün-weißen Marmor gerühmt und sich begeistern lassen von dem Wagenrennen auf dem Platz davor. Das Hotel »Minerva« am Rande dieses Platzes war das Gastquartier von Generationen literarischer Bewunderer der Stadt am Arno.

Wer sich an all den Baulichkeiten auch erbauen will, der sollte seine Besichtigungen in den Nachmittag legen. Dann essen oder ruhen die Florentiner, kreischen die Motorräder nicht, ziehen die Abgasschwaden ab. Überhaupt gilt Lärm in Italien noch nicht als akustische Umweltverschmutzung. Deshalb sollte man weiter draußen übernachten – wenn es der Geldbeutel erlaubt, in einer der herrlichen Villen, die zu Hotels umgebaut wurden. Die Villa »Le Rondini«, acht Kilometer vor der Stadt, oder die Villa »La Massa« liegen im Grünen und weit von jeder Straße. Mir gefällt die kleine Pension »Annalena« hinter den Boboli-Gärten auf der anderen Seite des Arno besonders gut. Meine Reisegruppen waren in den sechziger Jahren stets in Hotels am Arno untergebracht. Das war zwar romantisch, aber eine Zumutung für die Nase.

Trotz zahlreicher Umbauten konnte sich die Kirche Santa Croce ihren Charakter einer mittelalterlich gotischen Hallenbasilika erhalten (oben). Ihre Faszination liegt aber auch in den Grabmälern zahlreicher großer Männer, die in dieser Kirche beigesetzt sind, wie auch der wohl größte Dichter Italiens Dante Alighieri (unten).

Besonders angetan hat es mir immer das Renaissanceviertel um die Kirche Santa Croce. Es ist eine Mischung aus künstlerischer und kunsthandwerklicher Geschäftigkeit. Damals als Reiseleiter bekam ich auch immer Prozente, wenn meine Touristen Leder oder Geschmeide kauften. Den schnöden Geschäftssinn beiseite, der Platz vor der Kirche Santa Croce ist wohl der atemberaubendste Schauplatz für das große Theater der Renaissance.

Die Größen dieser Zeit wurden schon zu ihren Lebzeiten als solche erkannt. So haben sie kurz nach ihrem Tod auch würdige Grabmale in der Kirche Sante Croce erhalten. Michelangelo und Dante, der Polittheoretiker Machiavelli und der Komponist Rossini wurden in Marmor modelliert von einem anderen wahren Renaissance-Menschen, Giorgio Vasari. Er war nicht nur Maler und Bildhauer, nicht nur Architekt und Poet, sondern auch ein Vertrauensmann der Medici. Er baute die Galerie der Uffizien, das bedeutendste Kunstmuseum Italiens, und er malte die offiziellen Porträts der Stadtherrscher, die bis heute in der Galerie aushängen. Für die Florentiner ist er aber vor allem der Konstrukteur des Corridoio, eines Geheimganges, der die Galerie mit dem Palazzo Pitti auf der anderen Seite des Arno verbindet. Der Geheimgang wurde 1994 beim Anschlag der Mafia auf die Galerie nicht einmal beschädigt. Der Corridoio führt bis heute über die alte Flußbrücke Ponte Vecchio. Diese 1345 errichtete Steinbrücke hat alle Überschwemmungen durch den unberechenbaren Arno überstanden. Schon damals war sie mit Läden versehen, aber zunächst einmal für die Metzger der Stadt. Diese kulinarische Phase der Brücke hat Cosimo, der erste Herrscher aus dem Hause Medici, 1593 beendet und statt der Metzger die Goldschmiede und Juweliere einquartiert. Innerhalb von wenigen Monaten wurde Ponte Vecchio zur Hauptgeschäftsstraße in Florenz und innerhalb von wenigen Jahren zu einem Preziosen-Umschlagplatz in Europa. Eine Passage in der Mitte der Brücke blieb für die Besucher frei, die den Blick auf den Arno und über die Hügel genießen wollen, besonders wenn die Stadt am Abend im »Toskanalicht« erstrahlt.

Ein Besuch in Florenz wäre unvollständig ohne einen Bummel über eine der malerischsten Brücken der Welt und durch ihre zahlreichen Schmuckgeschäfte über dem Arno, Ponte Vecchio (oben). Ein absolutes »Muß« ist auch die Galerie der Uffizien (links). Einst als Verwaltungs- und Gerichtsgebäude der Medici erbaut, beherbergt der Palast heute eine der bedeutendsten Gemäldegalerien der Welt.

ROM

DER SCHÖNHEIT WEGEN

Es war im Juni 1994, und Rom beging den fünfzigsten Jahrestag der Befreiung von der deutschen Besatzung. Der Anlaß lockte sogar den amerikanischen Präsidenten in die Ewige Stadt am Tiber. Bill Clinton sprach im Palazzo Chigi mit dem neuen Premier Italiens, vermied ein Treffen mit den neofaschistischen Kabinettsmitgliedern und nahm ein Bad in der Menge auf den Stufen zum Kapitol. Ich war im journalistischen Gefolge Bill Clintons und versuchte all die Bilder des Tages nach Deutschland zu überspielen. Der Abspielort sollte RAI sein, das italienische Fernsehen. Allerdings liegt der Sender über 30 Kilometer außerhalb von Rom, und es herrschte Stoßverkehr. Es gab kein Durchkommen. In der Not nahm ich eine Vespa und starb auf der Fahrt über rote Ampeln, unübersichtliche Kreuzungen und durch gewagte Überholmanöver mehrere Tode.

Der Verkehr – auf den ersten Blick eine der brutalen Seiten Roms. Wie ein Wunder kommt es mir immer wieder vor, daß es aus dem Chaos ein Entrinnen gibt. Jeden Augenblick erwartet man das Geräusch quietschender Reifen und scheppernden Blechs ... meist vergebens. Die Regeln sind einfach: Jeder verläßt sich auf die richtige Reaktion des anderen, Ampeln haben allenfalls beratende Funktion. Der Verkehr rollt – vielleicht deshalb – wenigstens ein bißchen.

Auf sieben Hügeln erbaut, umspannt Rom eine fast zweitausendjährige Geschichte. Rechts der Senatorenpalast, der heutige Sitz der Stadtverwaltung auf dem kleinsten, aber bedeutendsten der sieben Hügel Roms, dem Kapitolshügel, erinnert ebenso an Gründung und Römerzeit wie das Denkmal am Pincio (oben). Die Blüte der Stadt im Barock zeigt sich am Vierströmebrunnen Berninis auf der Piazza Navona (unten).

Denselben Widerspruch erweckt die andere brutale Seite dieser Stadt: der Taschendieb, der Einbrecher, der betrügende Kellner und der Halsabschneider am Steuer eines Taxis. Es gibt sie – nicht wenige – und doch stehen sie nicht hinter jeder Ecke.

In Rom ist es wie in vielen anderen europäischen Metropolen: Seine Habseligkeiten trägt man nicht offen, doch dann meist wieder sicher nach Hause. Mir aber hat dieses Italien dennoch als Student die Geldbörse, als Reiseleiter den Kleidersack und als Tourist sogar das Automobil gestohlen.

Warum also sollte gerade ich die Hauptstadt Italiens lieben? Ganz einfach: der Schönheit wegen. Sie wiegt auf Dauer schwerer als die Brutalität dieser Stadt, und sie zieht mich immer wieder auf den Boden Roms zurück.

Sei es der Sonnenuntergang vom Pincio, sei es die Perspektive von der Frühstücksterrasse des Forum Hotels, der Bummel über die Piazza Navona oder durch Trastevere, vorbei an den unzähligen Brunnen dieser Stadt – die Schönheit und Atmosphäre Roms nehmen mich immer wieder gefangen und üben auch auf mich jene magische Anziehungskraft aus, die bereits seit der Antike von dem Namen »Rom« ausgeht. Ein Muß ist die Sixtinische Kapelle, vor allem seit der Renovierung des Deckengemäldes von Michelangelo.

Rom überfällt den Besucher mit Einblicken und Ausblicken. Sie können zufällig entstehen oder sorgfältig ausgewählt sein. Für mich waren Rainer Raffalts »Römische Skizzen«, die Gespräche mit Franca Magnani und die Lektüre von Rudolf Pörtners »Mit dem Fahrstuhl in die Römerzeit« Fundgruben, Schlüssel zum Verständnis dieser Stadt.

Die Piazza Navona ist mit ihren drei Brunnen und der Kirche Sant' Agnese nicht nur eine europäische Sehenswürdigkeit barocker Baukunst und Geschlossenheit, sondern mit ihren fliegenden Händlern, die Süßigkeiten, Souvenirs und Kunstwerke feilbieten, auch ein Juwel römischer Atmosphäre und Lebensart.

Entlang der von Pinien- und Zypressenhainen gesäumten Via Appia liegen die Grabstätten vornehmer Familien und die Katakomben – Zeugen einer frühen Christenverfolgung. Heute jedoch zeugen die zahllosen Kirchen Roms vom Sieg des Christentums: San Paolo (unten), Santa Maria Maggiore (Seite 153 oben), San Giovanni in Laterano (Seite 153 unten links), San Clemente (Seite 153 unten rechts).

Nacheinander war Rom zuerst eine Hüttensiedlung, dann ein riesiges Monument, später ein gigantischer Steinbruch, danach ein weitläufiger Friedhof und anschließend ein Betonklotz. Heute ist es all dies nebeneinander. Die Römer lebten noch in Hütten, als sie die Herrschaft über die alte Welt erstürmten. Mit den Sklaven und Künstlern unterworfener Nationen erbauten sie ihre kolossale Metropole. Dekadente Diktatoren ließen die Stadt in Flammen aufgehen, und unter den Einfällen der Barbaren fiel Rom in Trümmer. Nach der Wiedergeburt Italiens haben faschistische und sozialistische Architekten schließlich Rom zu entstellen versucht.

Eine Führung oder ein Spaziergang durch die Stadt findet stets auf verschiedenen Ebenen statt und erlaubt einen Einblick in unterschiedliche zeitliche Dimensionen. Besonders aufgefallen ist mir dies in der Basilika San Clemente, nicht weit vom Kolosseum. Hier findet man die Reste eines Tempels für den Gott Mithras, eine christliche Kirche aus dem vierten Jahrhundert und darüber eine Kirche aus dem zwölften Jahrhundert.

Die Via Condotti (unten), die eleganteste Einkaufsstraße Roms, eingerahmt von exquisiten Geschäften bekannter Modedesigner, bietet an ihrem Ende eine der schönsten römischen Ansichten: die Spanische Treppe (Seite 157) – Treffpunkt für Einheimische und Fremde.

Die Spiele und das Brot gab es frei Haus. So steht Rom auch für Gelage und Laster, für Genußsucht und großartige Küche. Gleich 50 Meter hinter dem Kolosseum liegt die »Hostaria de Nerone« mit ihrem gleichbleibend guten Antipasto-Buffet. Die welterobernde »Saltimbocca alla Romana« kann man allerdings unbesehen in all den kleinen Trattorias probieren. In der internationalen Welt der italienischen Gastwirtschaften oft zu einem gefüllten Kalbfleischklumpen denaturiert, ist die Saltimbocca in Rom eine delikate Mischung aus zartem Filet, frischem Salbei und feinem Rohschinken. Überhaupt ist die römische Küche am Rande der touristischen Trampelpfade allein schon eine Reise wert. Keiner der reisenden Literaten von Goethe bis Gogol, von Oscar Wilde bis Hans Christian Andersen hat die Trattorias ausgelassen, wenn er von den Tempeln und Treppen Roms schrieb.

Die berühmteste der vielen Treppen ist natürlich die Spanische. Sie hat ihren Namen von der dort gelegenen spanischen Botschaft erhalten. Geplant wurde sie vom französischen Sonnenkönig Ludwig XIV., dann aber doch von den Römern errichtet. Den vorläufig letzten Ärger hat hier eine amerikanische Imbißkette verursacht, die sich in der Nähe der Treppe ein lukratives Geschäft versprach. Mit Recht, wie sich herausstellen sollte, denn die meist jugendlichen Völkerscharen, die sich an der Piazza di Spagna sammeln, ziehen das Ergebnis eines vollen Magens ohne Warten einer guten Trattoria vor.

Die Spanische Treppe ist ein Schau-Platz im wahren Sinne des Wortes. Von unten, von der Via Condotti, schweben die Mannequins und Modeschöpfer hinauf. Von oben, von der Kirche Trinità dei Monti, drängen die Rucksack-Teenager hinunter. Dazwischen bauen sich Demonstranten auf oder schmettern Singgruppen ihre Lieder. Die Spanische Treppe verliert erst im November zögernd ihre Fröhlichkeit, wenn es auch in Rom kühl wird. Dann paßt der Besuch im Haus Nr. 26, in dem der junge englische Poet John Keats 1820 einen Winter lang um sein Leben rang und den Kampf verlor.

Rom bietet viele Ansichten und Einblicke, so die verwinkelten Gassen und malerischen Plätze Trasteveres, wie die Piazza Campo de' Fiori (oben), die über die ganze Stadt verstreuten Paläste und Villen der alten und neuen reichen Römer, wie die Villa Rospigliosi (unten), oder auch den von der Schweizer Garde (Seite 159 oben) bewachten Vatikan und den prachtvollen Petersplatz (Seite 159 unten) mit dem mächtigsten Gotteshaus der Welt: dem Petersdom.

Der stimmungsvollste Platz in Rom ist für mich, schon wegen des täglichen Marktes, die Piazza Campo de' Fiori inmitten von Roms malerischer Altstadt Trastevere. Besonders in der Frühe sieht man hier kaum Touristen, dafür umso mehr die Einkäufer der Trattorias, die von der Zucchiniblüte bis zum Wildschweinschinken ihr Tagesmenü zusammenstellen. Hier gibt es auch die beste weiße Pizza, die typisch römische »pizza bianca«. Die »Margherita« kam übrigens erst zur Hochzeit der gleichnamigen Prinzessin in Mode. Zur Feier des Tages gab es damals Pizza frei fürs Volk, und zwar in den italienischen Nationalfarben Grün, Weiß, Rot: Kräuter, Käse, Tomaten.

Verkosten kann man die Freuden des Marktes gleich in der Nähe, im »Ristorante Pierluigi«. Allerdings begegnet man hier einem etwas merkwürdig anmutenden Publikum von Geschäftsleuten in Zweireihern – nicht etwa ins Gespräch mit den Nachbarn, sondern jeder für sich in sein transportables Telefon vertieft.

Franca Magnani, eine Journalistin wie keine andere, gab mir schon früh Tips zum gesellschaftlichen Leben in Rom ... und zu den unüberwindlichen Schwierigkeiten, in diese Gesellschaft hineinzuschauen. Die Leute von Adel bleiben gern unter sich, und die von Geldadel stehen ihnen hierin in nichts nach. Sie werden nur bei öffentlichen Anlässen sichtbar, zum Beispiel bei der halbjährlichen Vorstellung der Alta Moda, der großen Mode. Dann zeigen sich auch Fürst Corsini, Fiatchef Agnelli und bis zu ihrer politischen und gesellschaftlichen Ächtung die einstigen Politiker der lange regierenden Democrazia Christiana. Sophia Loren läßt sich dort erst wieder sehen, seit das Gesetz ihr eine Steuerhinterziehung vergeben hat.

Die Gemächer der Oberen Zehntausend aber bleiben dem Besucher meist verschlossen. Zur Besichtigung steht allerdings das überflüssige Mobiliar, und das ist noch grandios genug. In der Via dei Coronari gibt es Antiquitäten vom Feinsten auf einem Kilometer Länge. Ein römischer Landhaustisch hatte es mir angetan. Er mußte allerdings erst durch den Edelzoll, der die Ausfuhr von Kulturgütern überwacht.

Die Via dei Coronari war einst die Straße der Pilger zum Petersdom. Sie war gesäumt mit religiösen Verkaufsständen und erinnert daran, daß der Papst eine Zeitlang nicht nur der Herr des Vatikans gewesen ist. Den modernen Stadtplan von Rom haben Päpste wie Sixtus V. und Gregor XIII. mit entworfen. Eineinhalb Jahrtausende lebten Rom und der Vatikan in einer Art Symbiose neben- und miteinander. Seit 1929 ist der Vatikan nun ein eigener Staat, begrenzt auf ein kleines Gelände jenseits des Tibers. Er hat so viele Bürger wie Tage im Jahr, hinzu kommen aber noch mal über 2000 Angestellte. So undurchsichtig sein Innenleben für den Außenstehenden ist, so glanzvoll ist seine äußere Repräsentanz. Noch immer ist der Petersdom die größte Kirche der Christenheit, und die Museen des Vatikans sind wahre Schatzkammern. Aber der Ministaat hat finanzielle Sorgen, wie sie auch seine weltlichen Geschwister in aller Welt haben. Ich konnte den »polnischen« Papst auf einigen Reisen begleiten und ihn auch bei einer Deutschlandreise interviewen. Doch sein Einfluß auf das »weltliche« Rom schwindet unaufhörlich. Ein Lästermaul aus dem früher liederlichen Viertel Trastevere wollte mich zum Lachen bringen mit der eher respektlosen Zote: »Auch der heutige Papst hat Söhne, nämlich Urbi et Orbi.« Und doch – kaum einer kann sich der grandiosen Szene und der gespannten Erwartung auf dem Petersplatz entziehen, wenn der Heilige Vater seinen Segen über Stadt und Erdkreis spricht.

Zeugen der immerwährenden päpstlichen Präsenz sind der Petersdom, dessen Inneres über 60 000 Gläubige faßt (unten), und die Engelsburg, einst in eine Festung zum Schutz der Päpste umgebaut (rechts).

Nicht mehr als zehn Minuten Fußweg führen vom Petersplatz zur Engelsburg. Einst das Mausoleum eines Imperators, wurde das Castel San Angelo im Mittelalter zur Fluchtburg umgebaut, wenn wieder einmal Romplünderer kamen. Papst Paul III. hatte sich hier vorsichtshalber mit einem Penthouse im Stil der Renaissance etwas besser eingerichtet. Vom Dach der Engelsburg hat sich Tosca, die Opernheldin Puccinis, in den Tod gestürzt. Der Besucher von heute schlürft auf der Plattform ein Eis und genießt den herrlichen Blick über die Stadt.

Schon dieser eine Blick verlockt zur Wiederkehr, und Rom hat Hunderte von Perspektiven, offensichtliche und verborgene, öffentliche und privat entdeckte, tatsächliche und erträumte. Das Reisefieber der Welt hat Rom in drangvolle Enge gezwängt, aber nicht erstickt. Der Verkehr setzt der Stadt zu, aber nicht ihrer Ausstrahlung. Der Kaufrausch macht die Römer reich, verarmt aber das Stadtbild nicht. Gerade weil sie so unübersichtlich ist, behält diese Metropole ihren Reiz. Rom erfüllt jeden Besucher mit Sehnsucht – der Schönheit wegen.

Rom steckt voller Legenden. Wer seine Hand in den Mund der Wahrheit schiebt und sie auch behalten will, sollte nicht lügen. Wer die Stadt am Tiber wiedersehen will, sollte an der Fontana di Trevi (oben links) dem Meeresgott Neptun eine Münze opfern und so Goethes Worten bei seiner Abreise aus Rom huldigen: »Ich komme wieder«.

MADRID

DAS KOLONIALE ERBE

SHARP
Panasonic
TAXI

Vielleicht liegt es an der oft unerträglichen Sommerhitze Madrids, daß die Hauptstadt Spaniens nachts lebendiger ist als tagsüber. Wie hier auf der Plaza Canovas del Castillo pulsiert das Leben überall in Madrid – lange nachdem die Sonne untergegangen ist. Wer sich nicht draußen aufhalten will, besucht eines der zahlreichen Cafés oder Restaurants (unten).

Alvaro de Aguinaga war abwechselnd Journalist und Gastronom. Unter der Diktatur Francos ist er nach Köln ausgewichen und hat ein Restaurant mit Namen »Madrid« aufgemacht. Dort habe ich ihn bei einer vorzüglichen Paella, einem Pfannengericht mit Reis, Meeresfrüchten und Safran, kennengelernt. Er hat mich auf vielen Filmreisen durch Spanien und seine ehemaligen Kolonien begleitet. Nach dem Ende der Diktatur arbeitete er wieder als Journalist. Doch konnte er sich von der Gastronomie nicht mehr trennen, und so wurde seine Tapa-Bar in Madrid zu einem Platz für geistige und körperliche Nahrung. Eigentlich sind Tapas ganz kleine Imbißhappen, sie können aber auch – wenn der Koch entsprechend gut ist – ganz große Küche sein. Die Gläschen Wein dazu können ein paar zuviel sein, aber sie sollen nicht berauschen, sondern nur beschwingen, die Gedanken beflügeln. Die Tapa-Bar dient vor allem als Nachrichtenbörse. Die Spanier ganz allgemein und die Leute von Madrid im besonderen lieben den Meinungsaustausch zwischen Feierabend und Abendessen. Da das letztere in der spanischen Hauptstadt meist erst nach 23 Uhr stattfindet, kann das Gespräch großen Raum einnehmen. Die Zubereitung des Essens ist nach wie vor Frauensache, und so gehört die Tapa-Bar vor allem den Männern. Die Familie kommt erst am späten Abend zu ihrem Recht. Um Mitternacht ist dann noch Zeit für den gemeinsamen Ausgang, für den »paseo« – Kinder eingeschlossen. Diese Anstrengung der langen Abende macht der Spanier wieder wett durch ein sehr bescheidenes Frühstück, meist ein Hörnchen, und eine Siesta, eine Ruhepause nach dem meist ausgiebigen Mittagsmahl. Der Geschäftsmann oder der Journalist, der nach Madrid kommt, tut gut daran, die Gesprächsbereitschaft während der blauen Stunden in der Tapa-Bar zu nutzen. Der Tourist kann sich natürlich über die Gepflogenheiten hinwegsetzen, doch dann verpaßt er einen guten Teil der spanischen Lebensart. Ich habe Alvaro de Aguinaga immer unwillig erlebt, wenn es am Nachmittag um Arbeit ging, und

immer verblüfft, wenn mir dagegen um Mitternacht nicht mehr nach Arbeit zumute war. Diese Nachtschwärmerei, die in der Metropole Madrid noch einmal ausgeprägter ist als im übrigen Land – nicht zuletzt wegen der zahlreichen Nightclubs – wurde mir an einem Silvesterabend besonders bewußt. Da strömten um Mitternacht viele Tausende auf die Puerta del Sol, das Zentrum Madrids und der Hauptplatz der Tapa-Bars. Die meisten hatten den Wein nicht flüssig, sondern in Form von Trauben dabei, in Spanien ein Glückssymbol. Beim anschließenden Traubengelage wünschten sich die Menschen gegenseitig »Salud, amor y pesetas«, Gesundheit, Liebe und Geld. Danach zerstreute sich die Menge sehr schnell. »Vielleicht ist Silvester auch deshalb nichts besonderes für uns«, kommentierte Alvaro de Aguinaga, »weil wir das ganze Jahr über bis Mitternacht auf den Straßen sind. Ihr Deutschen hingegen haltet euch wach an diesem Tag oder steht extra noch einmal auf. Darum muß es für euch ja etwas besonderes sein.« Die Lehre für mich war: Weil in Madrid meist Feiertagsstimmung ist, muß man die Feste nicht extra feiern. Und: Die Madrilenos leben nicht nur in ihrer Stadt, sondern mit ihr, sie beleben sie. Wer als Besucher mit den Madrilenos Schritt halten will, der hält am besten nachmittags eine Siesta, geht dann in eine der Tapa-Bars, vielleicht, um nur eines meiner Lieblingslokale zu nennen, in das »Bocaito« in der Calle de la Libertad. Zu empfehlen ist auch die »Casa Pueblo« in der Nähe der Stierkampfarena, die dortige Spezialität: überbackene Stierhoden. Wer nach den Tapas noch Hunger hat, kann einen deftigen Eintopf in »La Tasca« essen oder ganz fein in der »Taberna Del Alabardero« speisen. Letzteres hat noch den Zusatzeffekt, daß der Gewinn des Lokals zur Armenspeisung an einen Mönchsorden geht. Wer einen Abend in Madrid nicht in einem der Allerwelts-Nachtclubs beschließen will, der geht natürlich zum Flamenco, etwa in die »Casa Patas« in der Calle Canizares. Die Schritte der Tänzerinnen und die Rufe der Taktgeber erinnern an die arabische Vergangenheit der iberischen Halbinsel.

Benannt nach einem früheren Stadttor, dem Sonnentor als dem östlichsten Punkt der einstigen Altstadt, ist der halbkreisförmige Platz Puerta del Sol mit seinen zahlreichen Tavernen und Tapa-Bars heute nicht nur die geographische Mitte Madrids, sondern auch das Herz der Stadt.

AÑO 1929
PLAZA DE TOROS
DESPACHO DE BILLETES
DESPACHO DE BILLETES
SOMBRA
SOMBRA
SOL
SOL

Noch vor 500 Jahren war Madrid eine Festung mit dem Namen Majerit. Ende des 15. Jahrhunderts hat das »Katholische Königspaar« Ferdinand und Isabella dann die Mauren von der iberischen Halbinsel vertrieben, das war die »Reconquista«, die Rückeroberung. Noch 1492 begann mit der Entsendung des Christoph Columbus' die »Conquista«, die Eroberung einer neuen Welt. Mit dem Gold der Inkas und der Azteken sowie der Indianerreiche in Mexiko und Peru baute sich Philipp III. eine neue Hauptstadt – ziemlich genau in der geographischen Mitte der iberischen Halbinsel. Da er dem Geschlecht der Habsburger entstammte, heißt ihr Kern bis heute »Madrid der Österreicher«. Es ist noch immer das Herz der spanischen Kapitale. Ein Denkmal auf der großflächigen Plaza Mayor erinnert an Philipp III. Seine Architekten haben im Stil der Renaissance gebaut, allerdings mit einem sehr spanischen Akzent. Neben und auf diesem architektonischen Unterbau entstand das barocke Madrid, das Werk der »Churriguera«-Familie. Ihr Stil war glanzvoll und dekadent zugleich. Spaniens Macht hatte sich erschöpft, die Kolonien in der neuen Welt führten erfolgreiche Befreiungskriege, und aus Frankreich marschierte Napoleon ein. Der Aufstand gegen diese französische Besatzung erfolgte nicht in einem großen Krieg, dazu war die Kraft nicht mehr da, sondern in vielen kleinen Kriegen, auf spanisch: Guerillas. Der spanische Maler Goya hat die Gefechte der Guerillas in den Straßen von Madrid festgehalten. Seine Gemälde hängen im Prado. Das heute so berühmte Museum entstand zusammen mit dem Königspalast und dem Palacio de Villahermosa. 1992 wurde die beste und weltgrößte private Kunstsammlung in diesem Palast untergebracht. Sie gehörte Baron Hans Heinrich Thyssen Bornemisza. Diese Bereicherung machte den Prado zum echten Konkurrenten für den Louvre in Paris. Die zeitgenössischeren spanischen Maler, vor allem Pablo Picasso, sind im Kunstzentrum »Königin Sophia« untergebracht. Hier hängt auch Picassos Hauptwerk »Guernica«. Es zeigt den Schrecken der Bevölkerung im baskischen Guernica nach einem Angriff deutscher Sturzkampfbomber, zu dem Generalissimo Francisco Franco 1936 seine Genehmigung gegeben hatte.

Das Klappern der Kastagnetten zum Flamenco sowie seine rassischen Tänzerinnen (Seite 166 unten links) und der traditionelle Stierkampf, der in Madrid von Ostern bis Oktober an allen Sonn- und Feiertagen stattfindet (Seite 166 oben; unten rechts: die Stierkampfarena Plaza de Toros), prägen das Leben der Madrilenos ebenso wie die Religion. Die Kathedrale Nuestra Señora de la Almudena (oben) ist ein Ort von spezieller kunsthistorischer Bedeutung: An dieser Stelle soll die erste Kirche Madrids gestanden haben. An die Anfänge der Stadt erinnert ebenfalls das Reiterstandbild Philipps III. auf der Plaza Mayor (unten links).

Das klassizistische Gebäude des Museo del Prado, in aller Welt kurz »Prado« genannt (oben), beherbergt mit seinen zahlreichen Gemäldesammlungen einen der größten Kunst- und Kulturschätze Europas.

Später hat Franco versucht, den Bürgerkrieg zu begraben, die Toten der Sieger und der Besiegten ließ er gemeinsam betten in das »Valle de los Caidos«, das Tal der Gefallenen. Dieses monumentale Grabmal liegt am Rande der Hochebene von Madrid – mit den Bergen von Neu Kastilien als Kulisse. An einem 18. Juli, dreißig Jahre nach Beginn des Bürgerkrieges, war ich unter diplomatischem Deckmantel mitgeladen zu einem Empfang bei Francisco Franco. Im Prunkschloß von La Granja außerhalb von Madrid stellten sich Botschafter, Generale, Bischöfe und Barone, Großgrundbesitzer und Großindustrielle hübsch in Reih' und Glied auf. Als der Diktator den Raum betrat, begrüßte ihn ehrfürchtiges Schweigen. Mir erschien es, als ob er das Volk und seine Würdenträger unter Kontrolle hatte oder unter der Knute seiner Geheimpolizei. Dabei hat sich Franco immer als Sachwalter der Krone dargestellt, nicht als Thronanwärter. Er ließ Juan Carlos, dem Bourbonenprinzen, eine sorgfältige Erziehung angedeihen. Es sollte jener Juan Carlos sein, der sein Land nach dem Tode Francos ohne Bürgerkrieg in die Demokratie von heute führte.

Eindrucksvoll erhebt sich an der Calle de Bailén das mächtige Zeichen der Monarchie Spaniens: der Königspalast, Palacio Real (Seite 168 oben). Seine prunkvollen Innenräume bergen so manche Juwelen der Kunst, wie das Gemälde von Francisco Goya (Seite 168 unten).
Nur noch in der verhältnismäßig kleinen Altstadt sind die typisch madrilenischen Bauten zu finden, die Renaissance und Barock, maurische und spanische Akzente vereinen.
Die Plaza de España – am Rande der Altstadt – wird bereits von Hochhäusern beherrscht, die das mächtige Cervantes-Denkmal mit den Reiterfiguren von Don Quijote und Sancho Pansa klein erscheinen lassen.

Von den Mitstreitern Francos sind nur wenige geblieben, unter ihnen Fraga Iribarne. Er ist heute Gouverneur von Galizien, Francos Geburtsprovinz. Unter Franco war er Informations- und Tourismusminister. Schon unter der Diktatur hatte Fraga Iribarne Spanien mit einer geschickten Werbekampagne für den Tourismus hoffähig gemacht. Mit der Parole »Spanien ist anders« pries er die Strände, die Folklore und die Küche seines Landes an. Mit einem dichten Netz von Paradores, staatlichen Hotels in reizvoller Lage, schaffte er die nötige Logistik. Auch das heutige Madrid ist zu einem guten Teil das Werk des Fraga Iribarne.

Mit dem Geld, das der Tourismus in das Land brachte, hat sich Spanien in das Wirtschaftswunder gestürzt wie in ein Abenteuer. Wie Pilze schossen die Mustersiedlungen und Häuserblocks in den klaren Himmel von Madrid. Schon in den sechziger Jahren haben die Menschen der Stadt das Auto, den Sonntagsausflug, den Kühlschrank und den Fernsehapparat entdeckt. Sie haben erstmals in Spaniens Geschichte eine Kluft überbrückt, die Kluft zwischen traditionellem Reichtum und traditioneller Armut.

Madrid – das heißt Aktivität und Lebensfreude. Überall ist Leben in dieser Stadt. Man kann es sehen in den belebten Straßen des Zentrums, wie in der Gran Via (oben). Man kann es genießen in den zahlreichen Cafés auf der Plaza Mayor (Seite 171 oben), und man kann sich erholen in der herrlichen grünen Lunge der Stadt, dem über 300 Jahre alten Parque del Retiro (Seite 171 unten).

Die Stadt hat heute fünf Millionen Einwohner und zieht sich bis in die Hänge der Berge von Neu Kastilien. Nach wie vor reizvoll für den Touristen ist das »Madrid der Österreicher«, die Altstadt. Die Plaza Mayor – in ihrer Symmetrie nur von dem alten königlichen Brothaus unterbrochen – wird umrahmt von 477 winzigen Balkonen, die einst den Blick freigaben auf Stierkämpfe oder königliche Aufmärsche, aber auch auf öffentliche Hinrichtungen. Vom Frühling bis zum Herbst rahmen jetzt die zahlreichen Tische der Cafés und Restaurants den Platz ein. Die Plaza de Santa Anna hat sich neben der Puerta del Sol als ein neuer Treffpunkt der Jugend aufgetan, nicht zu verachten ist hier die »Cerveceria Alemana«, die deutsche Brauerei. Lange wegen Renovierung geschlossen, hat nun auch die faszinierende königliche Teppichfabrik wieder geöffnet ebenso wie die neoklassische Kirche St. Antonio de la Floriada mit ihren berühmten Goya-Fresken. Jenseits des Flusses Manzanares wurde der Park La Casa de Campo wieder hergerichtet. Und auf der Gran Via und der Castellana flaniert die Jugend von Madrid. Es ist eine Jugend, die von Francisco Franco nicht mehr viel weiß oder wissen will. Sie möchte Teil Europas sein und kämpft um ihren Platz in der Gesellschaft der Zukunft. Doch eine Tradition hält sie hoch: das Kontaktgespräch der Gesellschaft in der Tapa-Bar. Alvaro de Aguinaga sagte mir einmal: »Athen und Rom sind viel älter als Madrid, Paris und Prag mögen viel schöner sein, aber wir sind die Metropole der Lebensfreude.«

LISSABON

SÜSSE SCHWERMUT

»Quem não viu Lisboa, não viu coisa boa - Wer Lissabon nicht sah, hat noch nichts Schönes gesehen«, sagen die Einwohner Lissabons stolz von ihrer Stadt und weisen auf ihre Sehenswürdigkeiten, wie den Ausblick vom Castelo de São Jorge (oben), der einstigen königlichen Residenz, den von Eiffel konstruierten Aufzug, der die erschöpften Besucher von der Unter- in die Oberstadt bringt (Seite 175 unten) und nicht zuletzt die lebhafte Atmosphäre auf den Straßen und Plätzen der Innenstadt wie etwa am Cais do Sodre (Seite 175 oben).

Es fällt mir schwer, über Lissabon zu schreiben, weil es nämlich meine Lieblingsstadt ist. Allerdings kann ich dieses Bekenntnis nicht mit einer Auflistung begründen. Natürlich ist der Blick vom Castelo de São Jorge auf Stadt und Fluß atemberaubend, aber solche Aussichten haben auch Rio de Janeiro oder San Francisco. Zweifellos hat Lissabon eine besonders malerische Altstadt, aber die haben auch Neapel oder Palma de Mallorca. Lissabon liegt anmutig auf sieben Hügeln, wie Rom. Es prunkt mit Museen und Antiquitäten, wie London, und die Avenida Liberdade kann sich mit den Champs Elysées messen. Aber mit solchen Vergleichen wird man Lissabon nicht gerecht. Das Unvergleichliche dieser Stadt sind die Zwischentöne, die Stimmungen und die Aura süßer Schwermut, die wie eine rosa Wolke in alle Winkel und Nischen reicht. Die beschwingten Linien des manuelinischen Baustils bringen selbst den Stein zum Erweichen. Die Azulejos, die allgegenwärtigen blauen Kacheln, machen aus der ganzen Stadt ein Wohnzimmer, und die vielen öffentlichen Aufzüge ziehen die verschiedenen Ebenen der Stadt wie Stockwerke in ein großes Haus ein. Altertümliche Straßenbahnen winden sich bergauf und bergab, mischen sich unters Volk, als seien sie schon immer dort gewesen. Obwohl sie eigentlich einen Kontrast bilden sollten, entwickeln Hütten und Paläste hier eine

seltsame Zusammengehörigkeit. Die vielen Vogelkäfige, die wie Blumentöpfe vor den Fenstern stehen, erinnern irgendwie an unerfülltes Fernweh, und die sorgfältig gepflegten Parks und Schloßgärten vermitteln Friedhofsruhe. Die ungewöhnlich große Zahl grauer Häupter erzählt die Geschichte der in den Kolonien verlorenen Söhne und der im Ausland arbeitenden Töchter. Etwas modrig nach vergangenem Reichtum riechen die vielen Fassaden in Barock und Rokoko, in Jugendstil oder einfach Kitsch. Der Fado, die ein wenig traurige Volksmusik der Portugiesen, durchzieht abends das Gassengewirr wie ein Echo vergangener Größe. Die Quintas, die großzügigen Landsitze der ehemaligen Handelsherren, überleben heute als Herbergen. In keine europäische Metropole kann man sich so hineinwohnen wie in Lissabon.

Das »York House« war einst ein Konvent. Das »Palacio de Seteais« ist ein Palast aus dem 18. Jahrhundert. Die »Pousada do Castelo« war eine mittelalterliche Burg und »as Janelas Verdes« diente einst einer großbürgerlichen Familie als Wohnsitz. Der Geschäftssinn und der Geschmack der entsprechenden Hoteliers halten sich die Waage. Wem das alles zu gestylt ist, der kann auf ein großes Angebot von Pensãos und Estalagems ausweichen, Pensionen und Gasthöfe, die oft erstaunlich karg, aber immer peinlich sauber sind.

Lissabon ist reich an historischen Bauten, Relikten aus der Zeit der einst so mächtigen und einflußreichen Weltmacht Portugal. Die beiden zentralen Plätze der Stadt sind der weitläufige rechteckige Platz Dom Pedro IV., im Volksmund Rossio-Platz, begrenzt vom Nationaltheater (oben) und dem Rossio-Bahnhof (Seite 177 oben) sowie die Praça do Comércio, der ehemalige Königsplatz (Seite 177 unten).

Im Städtchen Sintra, in den Bergen vor Lissabon, habe ich mich einmal bei einer großbürgerlichen Familie eingemietet. Das Zimmer war zwar nicht geheizt, und das Bad teilte ich mit den Eignern, aber der Blick aus dem Fenster war überwältigend und – anders als im Hotel – die Aussicht mußte ich nicht mit anderen teilen. Sie zeigt die Türme eines Palastes aus dem 14. Jahrhundert, die der Märchenerzähler Hans Christian Andersen mit Champagnerflaschen verglich. Auf dem dahinter liegenden Hügel thront eine Ruine aus maurischer Zeit. Einer Zauberbergsaga entsprungen scheint der Palacio da Peña, der besonders im Morgennebel aussieht wie eine Mischung aus Disneyland und Märchenschloß.

Das rosa- und lilafarbene Ungetüm hat der deutsche Ingenieur Freiherr von Eschwege für die Monarchie gebaut. Ein Königshaus hatte Portugal einst auch, mehr noch, es hat sogar einen Kaiser hervorgebracht, und das kam so: 1807 erobert Napoleon Portugal. Die portugiesische Königsfamilie flieht und läuft 1808 mit Hofstaat und anderem Gefolge – insgesamt mit einer Flotte von über 15 000 Personen – in Rio de Janeiro

ein. Als Napoleon auf den europäischen Schlachtfeldern besiegt wird, kehrt der Hofstaat nach Lissabon zurück. König Dom Pedro aber und seine Gemahlin Leopoldina aus dem Habsburger Geschlecht lassen sich in Brasilien nieder, erklären die Unabhängigkeit der Kolonie von Portugal und nehmen den Kaisertitel an.

Besonders Kaiserin Leopoldina verleiht dem provinziellen Rio de Janeiro gesellschaftlichen Glanz. Zu ihrem engeren Zirkel gehört auch Freiherr von Eschwege. Der Ingenieur baut in den Hügeln von Minas Gerais die Edelsteinförderung aus, und für den neuen König von Portugal baut er eben den Palacio da Peña. Dabei hat der König schon ein Sommerschloß. Es heißt Queluz, übersetzt »welches Licht«, und dient seit der Absetzung der Monarchie als Gästehaus der Regierung. Als der amerikanische Präsident Ronald Reagan Portugal besuchte, konnte ich mir zusammen mit anderen Journalisten das Rokokoschloß ansehen. Es erschien mir wie ein intimeres Versailles, etwas eleganter noch und ungemein »licht«, eben Queluz. Das Schloß liegt zehn Fahrminuten östlich von Lissabon.

Im Westen, wo der berühmte Fußballclub Benfica zu Hause ist, erstrecken sich die von einem Marquês Anfang des 17. Jahrhunderts angelegten Fronteira-Gärten. Sie sind ein Gesamtkunstwerk aus Gartenarchitektur, prunkvollen Treppen, gekachelten Brunnen, weiten Wasserflächen, geschmückt von Geranien, Hibiscus und Judasbäumen. Unter den vielen Statuen und Kachelbildern schauen auch 14 lebensgroße Porträts der Herren von Fronteira den Besucher an. Dem heutigen Hausherrn geht es finanziell nicht so gut. Daher empfängt er für 50 Mark pro Person Gäste zum Tee oder zum Portwein, während er von vergangenen Zeiten schwärmt, als die Adligen noch ihre Zuckerplantagen in Brasilien, ihre Teeplantagen auf São Thomé, ihren Gewürzhandel in Goa und ihren Sklavenhandel in Angola hatten. Als Portugal sich Anfang der siebziger Jahre auch aus seinen letzten Kolonien in Afrika zurückzog, kamen die Retornados mit. Sie sind die Nachfahren der früheren Siedler in Angola, Mosambik und Guinea, die sich vor Vergeltung fürchteten und lieber in der alten Heimat noch einmal von vorne anfingen. Diese Retornados haben die portugiesische Küche enorm bereichert. Francisco Queiroz aus Luanda hat mit dem »Sua Excelenzia« im Botschaftsviertel von Lissabon einen festen internationalen Kundenkreis. Er serviert viel Afrikanisches aus der ehemaligen Kolonialküche.

Im Restaurant »São Caetano«, ebenfalls ein neues Lokal neben dem Hotel »Da Lapa«, steht der Mann hinter dem Herd, serviert die Tochter, empfängt die Ehefrau. Die Gerichte sind eher einfach und auch nur die Beilage für eine andere Attraktion: den Fado. Dieser herzerweichende melancholische Gesang handelt durchweg von verlorenen Paradiesen, gescheiterten Liebschaften und menschlichen Niederlagen. Der Fado ist Ausdruck einer Grundströmung in der portugiesischen Mentalität, der Saudade. Zu übersetzen ist dieses Wort eigentlich nicht. Ein Sänger hat mir einmal zu erklären versucht: »Saudade ist die Freude, traurig zu sein – stille Trauer, die zu nichts verpflichtet und alles vergessen macht. Saudade ist freiwilliges Leiden.«

In der Alfama, einem Stadtviertel mit arabischer Vergangenheit, sind Fado und Saudade zu Hause. In den engen Gassen und unter den tiefen Torbögen lebten einst die Ärmsten der Stadt. Der Tourismus hat dies geändert, und der Fado, etwa in der »Taverna do Embucado« ist ein gutes Geschäft. Die einst dem Verfall preisgegebenen Häuser sind von der Stadt restauriert worden, bleiben aber den alten Mietern zu den alten Mieten erhalten. So konnte die Alfama ein Viertel der kleinen Handwerker, der alleinstehenden Frauen, der spielenden Kinder und der Kleingastronomen bleiben.

Die Alfama in der Altstadt Lissabons ist eine einzige Sehenswürdigkeit, die engen verwinkelten Gäßchen, die kleinen bunten Straßenbahnen, die verschachtelten Häuser, kleine Läden, Restaurants und Geschäfte und nicht zuletzt die Menschen, die hier leben, bilden eine einzigartige Atmosphäre.

An der Avenida da Liberdade steht das Denkmal des Marquês de Pombal, der Lissabon nach dem großen Erdbeben von 1755 wieder aufbaute. Die neue Stadt bekam ein moderneres Gesicht – eine Entwicklung, die nicht abgeschlossen ist, wie das Einkaufszentrum Amoreiras (oben rechts) und die Brücke des 25. April, die längste Hängebrücke Europas, zeigen (Seite 181 unten). Vom Erdbeben verschont blieb dagegen der Stadtteil Belém mit seinem berühmten Turm, dem Wahrzeichen Lissabons (Seite 181 oben), und dem Hieronymus-Kloster (unten).

Ein anderer Teil der Altstadt fiel Ende der achtziger Jahre einem Brand zum Opfer. Dort haben sich nun die Grundstückspekulanten eingekauft. Ihr Unternehmergeist und ihre Preistreiberei haben Lissabon zu einer teuren Stadt gemacht. Da hält sie jeden Vergleich mit den anderen europäischen Metropolen aus.

Ein anderes Unheil überfiel die Stadt am 1. November 1755 mit einem gewaltigen Erdbeben. Der energische Marquês de Pombal wurde mit dem Wiederaufbau beauftragt. Er hat die Stadt von heute geprägt. In seinem Ordnungssinn hatte Pombal jeder Zunft einen eigenen Straßenblock zugewiesen, und einige Berufszweige folgen dieser Anweisung noch heute. Das gilt besonders für die zahlreichen Orthopäden, die die Rua da Madalena säumen, und die Vielzahl der Antiquare entlang der Rua de São Pedro de Alcantara.

Ordentlich waren die Portugiesen schon immer, ihre Entdeckungsreisen wurden von Heinrich dem Seefahrer und seinen Fachleuten generalstabsmäßig vorbereitet. So war es selbstverständlich, daß Vasco da Gama den Seeweg nach Indien fand, während gleichzeitig Columbus von Spanien aus ins Blaue fuhr und eben nicht in Indien ankam.

Lissabon hat seinen Seefahrern im Vorort Belém ein Denkmal gesetzt, gleich neben jenem Turm, den König Manuel zum Schutz des Hafens errichten ließ. Sein manuelinischer Stil hat Portugals Entdeckerzeitalter geprägt. Das eindrucksvollste Zeugnis ist das Hieronymus-Kloster von Belém, das anläßlich der glücklichen Heimkehr Vasco da Gamas aus Indien im 16. Jahrhundert erbaut wurde und in dem auch der Sarkophag Manuels steht. Dieser dekorative Stil mit seinen Girlanden, Ornamenten und Seefahrermotiven erzählt von Portugals einstiger Größe. Mich beeinduckt dieses Kloster immer wieder und man kann es kaum treffender bezeichnen als der Schriftsteller Reinhold Schneider: »Dieses einmalige Monument ist ein steinerner Traum.«

Die Portugiesen von heute erfüllt große Wehmut, wenn sie ihr kleines Land mit seiner historischen Dimension vergleichen. Aber gerade dieser Weltschmerz gehört zu den Eigenschaften, die aus Lissabon auch meine Lieblingsstadt machen.

ATHEN

EUROPAS URSPRUNG

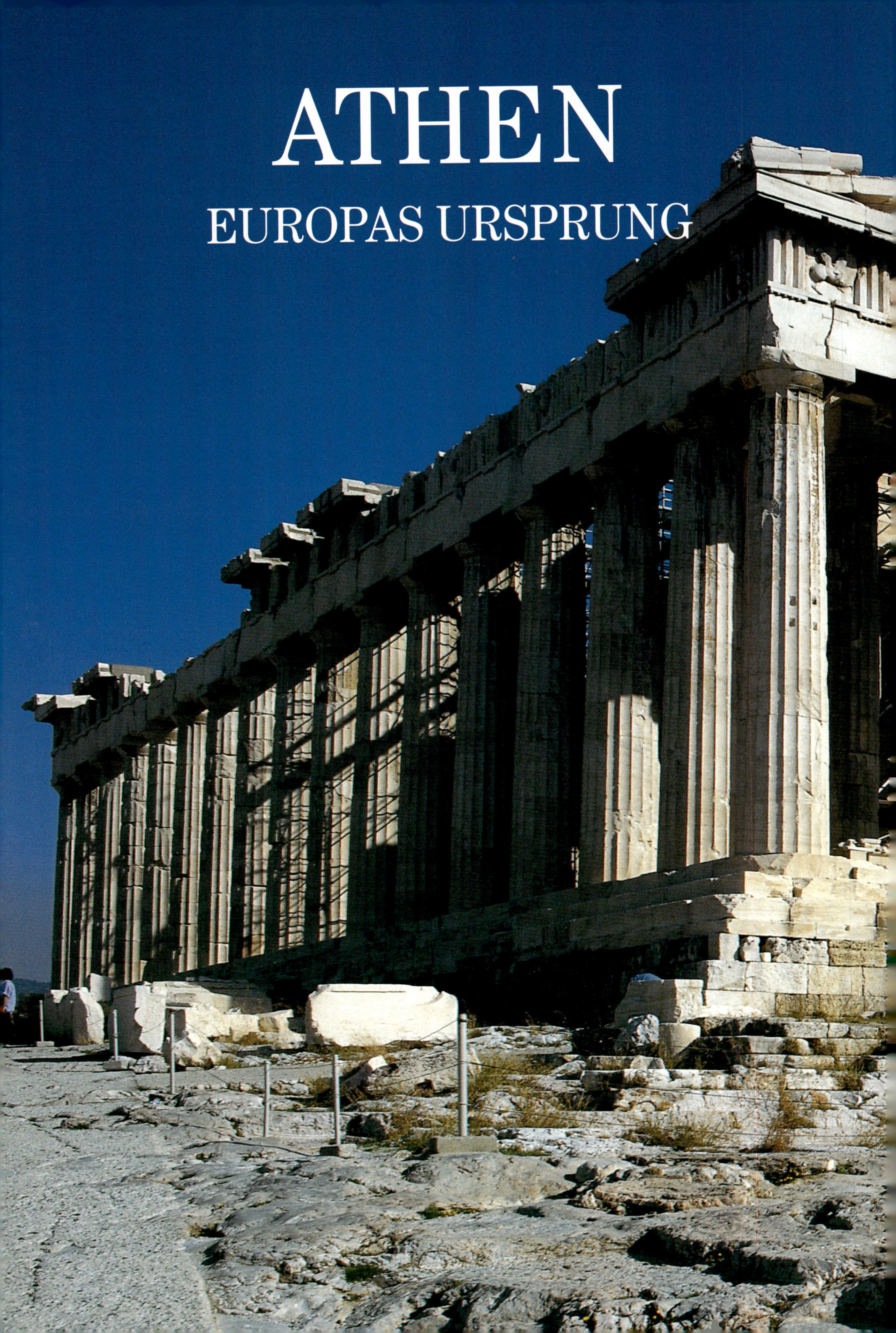

Wer Athen besucht, begibt sich auf eine Reise, die zurückführt bis zu den Wurzeln der europäischen Kunst und Kultur. Seit 1834 ist Athen, heute ein unendlich scheinendes Häusermeer in der von Bergen umgebenen attischen Ebene (Seite 185), die Hauptstadt Griechenlands und wie auch im Altertum das kulturelle und wirtschaftliche Zentrum des Landes.

Ein paar Kilometer vom Stadtzentrum entfernt, unterhalb des Kesariani-Klosters, liegt ein Musik-Café, das die alternativen jungen Leute von Athen gern aufsuchen. Eigentlich betrachtet sich jeder junge Mensch in Athen als alternativ, und so ist das »Café Harama« immer voll. Wie mir der Regisseur Paris Kosmidis erläuterte, heißt »alternativ« dabei nichts anderes als die Sehnsucht nach dem Ursprünglichen. Kein Wunder in einer Stadt, die mit ihren fünf Millionen Einwohnern unter einer Dunst- und Smogdecke lebt, möchte man vermuten. »Mitnichten«, meint Paris Kosmidis, »erst fliehen die Griechen vom Land in die Stadt und dann schwärmen sie vom einfachen Leben der Bauern im attischen Tal und der Fischer an der attischen Küste.« Im Musik-Café »Harama« können sich die Gäste schon ländlich fühlen, haben jedoch das Bewußtsein der Stadtnähe. In diesem Spannungsfeld fühlen sich die meisten Athener wohl. Sie stürzen sich in das Getriebe auf dem Omoniaplatz oder in die Einkaufsstraßen rund um den Sintagmaplatz, den Verfassungsplatz – so als ob sie ein Nachholbedürfnis an Großstadtluft und internationalem Flair hätten. Dann wieder suchen sie nach versteckten Winkeln, die typisch griechisch geblieben sind, etwa auf dem Gelände der Athener Markthallen. Sie wohnen gerne gleichzeitig in der kleinen Welt zu Hause und der großen Welt draußen.

Eine der Hauptattraktionen der Stadt ist die Plaka, die betriebsame, lebhafte und bunte Altstadt mit ihren schmalen, von kleinen Restaurants und Souvenirläden gesäumten Gassen (rechts).

Eigentlich wollen die jungen Athener eine Mischung sein aus ursprünglicher Lebensart, mediterraner Lebenslust, englischen Manieren, französischer Kultur, italienischer Mode und orientalischer Weisheit. Und wo bleibt da der Stolz auf das Hellenentum, auf Athen als Wiege des Abendlandes?

Der ist wohl auf der Strecke geblieben in der Besetzung durch die römischen Imperatoren und fränkischen Kreuzritter, die Dogen von Venedig und die Wesire aus Istanbul. Nach der Befreiung zu Beginn des 19. Jahrhunderts erwartete das Abendland von den Athenern, daß sie wieder sie selbst sein wollten und würden. Die Verherrlicher des Hellenentums und die jungen Romantiker um Shelley, Keats und Byron wollten nicht wahrhaben, daß das »neue« Griechenland mit dem einstigen, altehrwürdigen herzlich wenig zu tun hatte. Die meisten Einwohner verstanden sogar das Griechische nicht mehr. So wurde mit der Unabhängigkeit 1832 sogar eine Kunstsprache entwickelt, die immerhin bis 1976 bei Amte und bei Hofe als offizielle Sprache galt. Prinz Otto, eine Leihgabe aus der bayerischen Monarchie, übernahm die griechische Königsrolle, und vor allem westeuropäische Architekten schufen ein neues Stadtbild in einem Athen, das auf 5000 Einwohner geschrumpft war. Erst 2400 Jahre nach Perikles entstehen wieder klassizistische Bauten. Dänische und deutsche Architekten bauen die Staatsbibliothek, die Universität und die Akademie der Wissenschaften – heute die drei Zentren des griechischen Kulturlebens.

Die Gründer und Größen dieses zweiten Athen liegen ziemlich lükkenlos versammelt auf dem Proto Nekrotafio, dem Ersten Athenischen Friedhof. Inmitten dieses monumentalen Pomps fällt besonders der Tempel auf, der zu Ehren Heinrich Schliemanns errichtet wurde. Der Mecklenburger Abenteurer hat in jungen Jahren in Kalifornien Gold gesucht, dann als Kaufmann im Krimkrieg Geld gemacht und 1873 schließlich das legendäre Troja gefunden. Zusammen mit einer sehr jungen Griechin hat er seine letzten Jahre in einem prachtvollen Palais in der Odos Stadiou verbracht.

Um die beiden Zentren der Stadt, den Omoniaplatz und den Sintagmaplatz, gruppieren sich die Sehenswürdigkeiten der modernen Kapitale: das neoklassische Ausstellungsgebäude Zappeion (unten) im Nationalgarten, die von Theophil Hansen erbaute Akademie der Wissenschaften (Seite 187 oben) und das Alte Schloß, heute das von Soldaten bewachte Parlamentsgebäude (Seite 187 unten). Einen Besuch lohnt auch die aus dem 11. Jahrhundert stammende byzantinische Apostelkirche (oben).

208

Ein mächtiger Kalksteinfelsen überragt die Stadt. Auf ihm erhebt sich die Akropolis, die Burg der Götter. Das religiöse Zentrum des antiken Athen ist ungeachtet der Zerstörungen im Laufe der Jahrtausende bis heute ein Sinnbild der griechischen Mythologie und ein glanzvolles Monument der Blütezeit Griechenlands unter Perikles. Als die vollkommensten Bauten der griechischen Antike gelten der Parthenon (oben rechts) und das Erechtheion mit seiner Korenhalle, deren Dach von sechs Mädchenfiguren gehalten wird (oben).

Während Heinrich Schliemann vorsichtig antike Schätze aus der Erde gebuddelt hatte, plünderte der britische Lord Elgin schamlos bei hellem Tageslicht. Sein künstlerisches Abbruchunternehmen machte auch vor dem Parthenon nicht halt, dieser Kult- und Kunsthochburg des Abendlandes. Der heilige Zorn erfüllt mich bis heute, wenn ich das Raubgut des Lord Elgin noch immer im British Museum von London ausgestellt sehe. Die Friese und Koren gehören mit Sicherheit zurück auf die Akropolis. Das Argument zieht nicht mehr, wonach die Kunstschätze an ihrem Ursprungsort nicht pfleglich genug behandelt würden.

Die Friese haben die obere Außenpartie des Parthenon geschmückt. Die Koren sind ausdrucksvolle Frauenplastiken aus dem fünften Jahrhundert vor Christus. Es war das Jahrhundert des Perikles, unter dem Kunst wie am Fließband entstand. Im Museum der Akropolis stehen all die Statuen, die zwar von der Zeit verwundet wurden, aber dennoch zeitlos erscheinen in ihrem Ebenmaß und ihrem Ausdruck. In diesem Museum wird dem Besucher auch klar, daß Athen eine »Sie« ist. Die Göttin Athene erscheint in mannigfacher Form, als Pallas, die Jungfrau, als Nike, die Siegerin, als Polias, die Schutzgöttin der Erdkräfte, als Promachos, die Vorkämpferin.

Bis auf letztere sind alle im Museum untergebracht. Die Vorkämpferin wird wohl bald folgen, damit sie nicht »vergipst«. Die Umweltgifte, besonders die Schwefelsäure, verwandeln Marmor gern in Gips. Im Kampf um das Parthenon müssen die Athener sogar einen über den anderen Tag auf ihr Auto verzichten, damit der Smog nicht erledigt, was der Zahn der Zeit nicht schaffte, nämlich die Zerstörung des alten Athen.

Zwar noch unter den Griechen begonnen, doch erst durch die Römer von Kaiser Hadrian fertiggestellt, sind das Olympieion (oben) und das Theater des Herodes Attikus (links) am Südhang der Akropolis, in dem noch heute Konzerte und Theateraufführungen stattfinden, Zeugen des Untergangs der Stadt als Zentrum der Antike.

Die jungen Athener nehmen nur zögerlich Rücksicht auf die Monumente ihrer Ahnen. Das Heute ist ihnen wichtiger als das Gestern. Arbeitsplätze, Lebensstandard, Freizeitgestaltung und internationaler Anschluß haben Vorrang.

Im Preisgebaren ist dieser Anschluß schon gelungen. Im Stadtteil Kolonaki unter dem Lycabettushügel sind die Mieten so teuer wie in Paris. In Exarchia aber, hinter der Universität, ist alles preiswerter, dynamischer, jünger und auch griechischer. In Kokinia, einem früheren Arbeiterbezirk, hängt noch klassenkämpferischer Nebel über dem künstlerischen und kulinarischen Angebot. Der Hafen von Piräus hat den Ansturm der Touristen, die von hier zu den Inseln aufbrechen, gut überstanden. Es gibt Unterschiede in Athen. Einmal habe ich im »St. George Lycabettus« aufwendig und gelangweilt gewohnt, einmal im »Cavo d'Oro« über Piräus billig und unterhaltsam.

Wenn man mit Ölscheichs unter einem Dach wohnen will, kann man das im »Aphrodite Astir Palace« tun, und wer den Lärm nicht scheut, dem sei im Zentrum der Athener Altstadt das »Plaka Hotel« empfohlen. Überhaupt ist die Plaka, dieses ehemalige Armenviertel zur Touristenattraktion geworden – im guten wie im schlechten Sinne. Das Gute: Beim Einblick in die Küchen schaudert es niemanden mehr. Das Schlechte: Das schnelle Gericht hat das typische weitgehend verdrängt. Regisseur Paris Kosmidis hat mich nicht in die Plaka geführt, sondern einmal hinaus nach Kifissia in ein Restaurant das Spezialitäten in Blätterteig serviert, und einmal ins »Byzanthion«, der in der Tat bemerkenswerten Restauration im »Hilton Hotel«.

Ansonsten ist Athen keine Großstadt, sondern eher eine zu groß gewordene Provinzstadt. Die Angebote sind von unterschiedlicher Qualität: Es gibt recht interessante Galerien, wie die Nees Morphes. Wer dort ausstellt, hat ausgesorgt. Es gibt Paläste, wie das Parlament mit seiner phantasievoll gekleideten Garde, und urige Kneipen, wie das »Apotsos« in der El. Venizelou. Dort trifft man sich zu Mittag, abends ist das Lokal geschlossen. Und es gibt Luxushäfen, wie Mikrolimano am Mittelmeer.

Aber das Überwältigende an Athen gibt es schon seit 2500 Jahren, von der Akropolis mit dem Parthenon über die Agora, dem alten Zentrum, bis zum Areopag, dem Ansprachenhügel.

Heute ist Athen eine unendlich verbaute Stadt, doch die wahren Künstler sind noch immer die Bildhauer und die Architekten. Sie bedauern die Zersiedlung ihrer Stadt und fühlen sich doch seltsam befremdet von den Säulen und Statuen, die ihre Ahnen einst erschaffen haben.

Paris Kosmidis meint, daß das alte Athen der Welt gehöre, den Griechen aber nur das neue Athen. Aber auch im neuen Griechenland kann jeder seine Meinung äußern. Diese Tradition geht auf die Antike zurück, die das Wort »Demokratie« überhaupt erst erfand.

Athen ist für die Griechen ihre Hauptstadt, für die anderen Europäer aber ein Idealbild, das für die Geschichte, die Kultur und die Gesellschaftsform des Abendlandes steht. 1896 ließ der Mäzen Averoff auf dem Gelände des antiken Stadions die ersten Olympischen Spiele der Neuzeit ausrichten. Seitdem sind die Spiele nie mehr nach Athen zurückgekehrt. Aber das macht auch nichts. Es genügt, wenn der Welt bewußt ist, daß ihr Ursprung in Athen lag.

Ob die Große Metropolis, die moderne Hauptkirche der Stadt (Seite 190 unten), das 1895 erbaute Olympische Stadion (oben) oder der Hafen von Piräus (ganz oben)- das moderne Athen und seine Umgebung haben vieles zu bieten.

BILDNACHWEIS

Archiv für Kunst und Geschichte 5
B & U International Picture Service 36
Rudolf Bauer/Silvestris 3
Beck/Silvestris 20
Benelux Press 7
Berger/Silvestris 1
Gert Böhm/Silvestris 1
Eric Bohr/Archiv für Kunst und Geschichte 1
Bromberger/Dr. Gerd Wagner 3
Giuseppe Carfagna/Speranza 6
Erika Craddock/Silvestris 5
Jürgen Diemer/Silvestris 9
Sepp Dietrich/Silvestris 1
Domnich/Bavaria 1
Günther Ebenhög/Silvestris 1
Bodo Eckert/Silvestris 1
Berndt Fischer/Silvestris 6
Foto Positiv Wien/Silvestris 2
Gertraud Gasser/Silvestris 1
Paul Genson/Silvestris 1
Gino/Dr. Gerd Wagner 7
David Harding/Silvestris 2
Robert Harding/Silvestris 4
Werner Heidt/Silvestris 1
Heiner Heine/Silvestris 13
Gerald Hell/Silvestris 1
Heuwieser/Silvestris 1
Hot Shot Fotografenteam 1
Leopold Hrdlicka/Silvestris 2
Ibo/Dr. Gerd Wagner 3
Peter Irish/Bavaria 1
Ladislav Janicek/Silvestris 14
Karl-Heinz Jürgens/Silvestris 1
Kanus/Bavaria 1
Kappelmeyer/Bavaria 1
R. Kiedrowski 2
Klammet & Aberl/Bavaria 1
Knight/Bavaria 1
Bernd Koch/Silvestris 1
Nils Koshofer/R. Kiedrowski 12
Lakis/Dr. Gerd Wagner 6
Henk van der Leeden/Benelux Press 4
Erich Lessing/Archiv für Kunst und Geschichte 4
Eva Lindenburger/Silvestris 3
Uwe Lochstampfer/Silvestris 6
Löppert Foto/Interfoto 1
Lughofer/Silvestris 5
Marco/Dr. Gerd Wagner 2
Marka/Silvestris 1
Merten/Bavaria 2
Messerschmidt/Bavaria 2
Fritz A. Muthny 1
Nägele FRPS/Bavaria 1
NE/Bavaria 1
Heinz Neumann 1
Werner Otto Reisefotografie 4
Erhard Pansegrau/Silvestris 1
Paul C. Pet/Benelux Press 1
Picture Finders/Bavaria 5
Loek Polders/Dr. Gerd Wagner 8
R. D./Dr. Gerd Wagner 5
Anke Radtke/Silvestris 1
Willi Rauch/Silvestris 2
Jörg Reimann/Silvestris 1
Reportagebild 1
Werner Richner 3
Walter Rudolph/Silvestris 8
Dr. Frieder Sauer/Silvestris 2
Horst Schäfer/Silvestris 1
Christian Scheel/Silvestris 2
K. Schenner/Dr. Gerd Wagner 1
Jost Schilgen/Silvestris 2
Peter Scholey/Bavaria 1
Rudolf Scholz/Silvestris 1
Martin Siepmann/Silvestris 1
Silvestris 7
Eberhard Spaeth/Silvestris 1
SRE 2
Ewout Staartjes/Benelux Press 7
Otto Stadler/Silvestris 44
TCL/Bavaria 1
Andreas Teegeber/Silvestris 2
Michael Teller/Archiv für Kunst und Geschichte 1
TH Foto Werbung/Silvestris 1
The Telegraph Colour Library/Silvestris 6
Barbara Tillian 2
Trumler/Archiv für Kunst und Geschichte 1
U. W. E./Silvestris 2
Ungarisches Werbefoto Studio/Silvestris 1
D. M. Visbach/Benelux Press 1
Dr. Gerd Wagner/Silvestris 3
Günther Wagner/Silvestris 1
Ingrid Wehrmann-Schindler/Silvestris 1
Maximilian Weinzierl/Silvestris 1
Forman Werner Archive/Archiv für Kunst und Geschichte 1
Otto Werner/Silvestris 8
Marika Windisch/Silvestris 1
Horst Wörle/Silvestris 4
World Photo Office/Benelux Press 1
Benno Wurch/Silvestris 3
Christian Wurm/Silvestris 1